Gut essen
Sächsisch-Thüringische Küche

© 1991 Manfred Pawlak Verlagsgesellschaft mbH,
Herrsching
Alle Rechte Vorbehalten
Autor und Bildredaktion: Helga Lederer, München
Konzeption und Gestaltung: Uschi Müller, München
Umschlaggestaltung: Bine Cordes, Weyarn
Printed in Italy
ISBN 3-88199-896-9

Gut essen
Sächsisch-
Thüringische
Küche
Über 100 Rezeptideen

Pawlak

INHALT

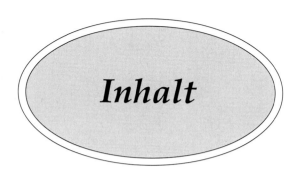

Vorwort 8

Suppen und Schmankerln 10

Fleischgerichte 21

Wild und Geflügel 42

Fisch 48

Aufläufe und Eintöpfe 51

Beilagen 66

Desserts und Mehlspeisen 71

Kuchen und Torten 83

Rezeptverzeichnis 92

VORWORT

Fast vergessene Spezialitäten aus Thüringen und Sachsen, die besten Rezepte aus dem Erzgebirge, dem Thüringer Wald oder dem Vogtland, Gerichte aus dem grünen Herzstück Deutschlands. Viele bekannte, vertraute und wieder entdeckte Rezepte findet man in diesem Buch. Vom Leipziger Allerlei über Dresdner Eierschecke, Stollen, Baumkuchen, Thüringer Grüne Klöße, Quarkkeulchen bis hin zu Plinsen und Rostbratwürstel. Die Auswahl an Fleisch, Wild und Saucengerichten ist groß. Auch Lamm- und Hammelgerichte sind eine beliebte Abwechslung im täglichen Speiseplan. Die Thüringer Wurstwaren sind weltberühmt, ebenso wie die köstlichen Kuchen der Sachsen, die man nicht umsonst als "süße Sachsen" bezeichnet. In Leipzig eröffnete schon im 18. Jahrhundert das erste deutsche Kaffeehaus. In Sachsen entstanden die meisten Kuchenrezepte von allen deutschen Regionen.

Es gibt eine breite Vielfalt an Gerichten, die es alle wert sind nachgebacken und -gekocht zu werden. Die Rezepte sind in der Reihenfolge der Zutaten und Arbeitsabläufen beschrieben, einfach in der Zubereitung und mit vielen herrlichen Farbfotos versehen.

Probieren Sie die Gerichte aus, lassen Sie sich überraschen, wie köstlich auch ganz einfache Rezepte schmecken. Guten Appetit!

VORWORT

Kleines Küchenlexikon

Brand-Matten – Thüringischer Kochkäse aus Quark
Broiler – Brathähnchen
Eierschecke – feiner Hefeblechkuchen
Gätzen/Getzen – Pfannengerichte aus Pfannkuchen- oder Kartoffelteig
Griegeniffte – Vogtländer Klöße
Grüne Köße – Klöße aus rohen Kartoffeln
Klitscher – Quarkkeulchen
Knäzchen – angemachtes Schweinemett
Kohl – Kraut
Leipziger Allerlei – Frühlingsgemüse
Pfefferkuchen – Saucenlebkuchen
Plinsen – Eierpfannkuchen, mit Hefe zubereitet
Puffer – Reibekuchen

Quarkkeulchen – süße Puffer aus Quark-Kartoffelteig
Rostbrätel – Schweinekamm mit Bier mariniert
Rostbratwurst – große Bratwürste aus Schweine- und Kalbfleisch
Rücklinge – Brötchen aus Sauerteig
Schmant – saure Sahne
Schmantkuchen – Obstblechkuchen mit saurer Sahne
Schusterpfanne – Schweinefleisch, Kartoffeln und Birnen
Thüringer Rotwurst – leicht geräucherte Blutwurst
Topfbraten – Ragout aus Kopf, Herz, Nieren und Bauch vom Schwein
Tüschel – Kirschenauflauf
Watteklöße – Klöße aus gekochten Kartoffeln

Aufbau der Rezepte

Die Rezepte sind, wenn nicht anders angegeben, für 4 Personen berechnet.

Die Zutaten sind in der Reihenfolge der Verwendung aufgelistet.
Die erstklassige Qualität von Fleisch und Zutaten sind eine Grundvoraussetzung für gutes Gelingen.
Frische Kräuter und Gewürze tragen ebenfalls zur geschmacklichen Steigerung der Rezepte bei.

Abkürzungen der Maßeinheiten:

kg = Kilogramm
g = Gramm
l = Liter
1 TL = 1 Teelöffel = 5 ml = 5 g
1 EL = 1 Eßlöffel = 15 ml
1 Tasse = ca. 1/8 l = 125 ml
1 Msp. = 1 Messerspitze
1 gestr. = 1 gestrichener
1 Weinglas = ca. 1/8 l = 125 ml
1 Schnapsglas = ca. 2 cl = 20 ml

SUPPEN UND SCHMANKERLN

Suppen und Schmankerln

Biersuppe
mit Grießklößchen

1 l dunkles Bier, 80 g Zucker, 1 Stück Zimtstange,
1 Zitrone, Salz. Für die Klößchen: 30 g Butter, 1 Ei, Salz,
1 Prise Muskatnuß, 1 Päckchen Nockerlgrieß, 1/2 Bund Petersilie.
Außerdem: 20 g Speisestärke, 2 Eigelb

Das Bier mit dem Zucker und der Zimtstange aufkochen. Die Zitrone auspressen und zur Suppe geben. Mit Salz und Zitronensaft abschmecken. Einen großen Topf mit Wasser erhitzen. Für die Klößchen Butter, Ei, Salz und 1 Prise Muskatnuß schaumig rühren, langsam den Nockerlgrieß zugeben, die Masse sollte geschmeidig sein. Die Petersilie waschen und kleinhacken und zum Teig geben, nochmals durchkneten. Zugedeckt ca. 30 Minuten im Kühlschrank ruhen lassen. Aus der Masse kleine Klößchen mit einem Teelöffel abstechen, formen und in das kochende Wasser geben. Die Grießklößchen ca. 15 Minuten ziehen lassen. Die Speisestärke in etwas Wasser anrühren, und die Biersuppe damit binden. Die Eigelbe verquirlen und unter die Suppe rühren. Die Suppe nicht mehr kochen lassen. Die Grießklößchen hinzufügen und die Suppe heiß in Suppentassen servieren.

SUPPEN UND SCHMANKERLN

Gratinierte Zwiebelsuppe

1 l Fleischbrühe, 750 g Zwiebeln, 2 EL Butter,
2 EL Schweineschmalz, 1 Knoblauchzehe, Salz, schwarzer Pfeffer,
4 dünne Weißbrotscheiben, 100 g geriebener Emmentaler

Die Fleischbrühe in einem Topf erhitzen. Die Zwiebeln schälen und in Ringe schneiden. Die Butter und das Schmalz in einer Pfanne erhitzen, und die Zwiebelringe darin anrösten. Die Knoblauchzehe schälen, halbieren, und die 4 Suppentassen damit ausreiben. Dann die heiße Fleischbrühe einfüllen. Die gerösteten Zwiebelringe mit dem heißen Fett in feuerfeste Suppentassen aufteilen. Die Brotscheiben im Toaster rösten, auf die Suppe legen und mit Käse bestreuen. Unter dem Grill einige Minuten goldgelb überbacken und sofort servieren.

Kartoffelsuppe Waldbaude

1 l Fleischbrühe, 1 Bund Suppengrün, 1/2 Bund Majoran,
500 g Kartoffeln, Salz, schwarzer Pfeffer

Die Fleischbrühe in einen Topf geben und erhitzen. Das Suppengrün putzen, waschen und kleinschneiden. Den Majoran waschen und kleinhacken. Die Kartoffeln schälen und würfeln. Alles in die Fleischbrühe geben und 10 Minuten kochen. Die Kartoffeln dürfen nicht zerkochen. Mit Salz und frisch gemahlenem Pfeffer abschmecken.

Waldpilzsuppe

500 g gemischte Waldpilze, 1 Zwiebel, 2 EL Butter,
500 ml Fleischbrühe, 250 g saure Sahne, 1 Bund Petersilie, 1 EL Mehl,
2 EL Wasser, 4 Eigelb, Salz, schwarzer Pfeffer

Die Pilze putzen, nach Möglichkeit nicht waschen, dann nicht zu klein schneiden. Die Zwiebel schälen und fein würfeln. Die Butter in einem

SUPPEN UND SCHMANKERLN

Topf erhitzen, die Zwiebelwürfel andünsten, dann die Pilze zugeben und umrühren. Mit der Fleischbrühe aufgießen und 10 Minuten kochen lassen. Die saure Sahne einrühren. Die Petersilie waschen und fein hacken. Das Mehl mit dem Wasser anrühren, zur Suppe geben, nochmals kurz aufkochen lassen und die Petersilie dazugeben. Die Eigelbe verquirlen und unter die nicht mehr kochende Suppe rühren. Mit Salz und frisch gemahlenem Pfeffer abschmecken und servieren.

Weißkohlsuppe

500 g Weißkohl, 500 ml Fleischbrühe,
50 g Butter, 2 Zwiebeln, 1 Knoblauchzehe, 250 ml Weißwein,
2 EL Essig-Essenz 25 %, Salz, schwarzer Pfeffer, 1 Msp. Muskatblüte,
1 Msp. gemahlene Nelke, 1 Msp. Zimt, 2 EL Zucker,
4 EL Crème fraîche

Den Weißkohl putzen, waschen, grob zerkleinern und im Mixer pürieren. Das Kohlpüree mit der Hälfte der Fleischbrühe und der Butter in einen Topf geben. Die Zwiebeln und die Knoblauchzehe schälen, klein würfeln, dann zum Püree geben, aufkochen und 20 Minuten garen lassen. Die restliche Fleischbrühe, Weißwein, Essig-Essenz, Salz, frisch gemahlenen Pfeffer, Gewürze und Zucker darunterrühren. Zugedeckt weitere 10 Minten kochen lassen und nochmals abschmecken. In Suppentassen füllen und mit Crème fraîche servieren.

Harzer Käsesalat

200 g Harzer Käse, 1 Zwiebel,
2 EL Weinessig, 1 EL Öl

Den Käse in Scheiben schneiden und auf einer Platte anrichten. Die Zwiebel schälen und in Scheiben schneiden. Den Essig mit dem Öl verrühren und zusammen mit den Zwiebeln über den Käse verteilen. Ziehen lassen und mit frischem Bauernbrot servieren.

Graupensuppe

*200 g Graupen, 1 l Wasser, 100 g durchwachsener Speck,
1 große Zwiebel, 1 Stange Lauch, 1 TL Selleriesalz, 1 TL Salz,
1 TL Majoran, 1/4 TL weißer Pfeffer, 500 ml Fleischbrühe*

Die Graupen waschen und in dem Wasser über Nacht einweichen. Den Tontopfdeckel kurz unter fließendes Wasser halten. Den Speck würfeln, die Zwiebel schälen und kleinschneiden. Den Lauch putzen, waschen und in Ringe schneiden. Beides mit dem Speck anrösten. Die Graupen mit dem Einweichwasser, dem Gemüse und den Gewürzen in den Topf geben. Mit der Fleischbrühe aufgießen und den geschlossenen Tontopf in den kalten Backofen schieben. Bei 220 Grad 1 1/4 Stunden kochen lassen.

Abbildung oben

SUPPEN UND SCHMANKERLN

Birnensuppe Thüringer Wald

200 g durchwachsener Räucherspeck,
500 g Birnen, 1 /2 l Wasser, 100 g Rosinen, 1/2 l Buttermilch,
2 EL Mehl, 3 EL Zucker

Den Speck in Würfel schneiden und in einer Pfanne auslassen. Die Birnen schälen, vom Kerngehäuse befreien und in Scheiben schneiden. Das Wasser erhitzen, Speckwürfel, Birnen und Rosinen ca. 10 Minuten in der Brühe ziehen lassen. Die Buttermilch mit Mehl und Zucker vermischen, unter Rühren aufkochen. Die Brühe zusammen mit Speckwürfeln, Birnen und den Rosinen hinzufügen. Dann alles noch 10 Minuten ziehen lassen. Die Suppe nochmals abschmecken und heiß servieren.

Thüringer Brotsuppe

1 l Rindfleischbrühe, Salz, schwarzer Pfeffer, 1 Prise gemahlener
Kümmel, 125 g Crème fraîche, 2 EL Mehl, 1 große Zwiebel,
2 EL Butter, 200 g altbackenes Bauernbrot, 125 g Crème fraîche,
2 EL Mehl. Zum Garnieren: 50 g Kerbel,
1/2 Bund Schnittlauch

Die Fleischbrühe in einem Topf erhitzen, mit Salz, frisch gemahlenem Pfeffer und Kümmel abschmecken. Die Zwiebel schälen und fein würfeln. Die Butter in einer Pfanne erhitzen, und die Zwiebelwürfel darin anrösten. Das Bauernbrot in Scheiben schneiden. Das Brot und die Zwiebeln in die Fleischbrühe geben, dann 15 Minuten kochen lassen. Die Suppe in einem Mixer pürieren oder durch ein Sieb passieren. Die Crème fraîche mit dem Mehl verrühren, und die Suppe damit binden. Den Kerbel und den Schnittlauch waschen, kleinschneiden und auf die heiße Suppe streuen.

SUPPEN UND SCHMANKERLN

Holundersuppe mit Eischneehäubchen

4 Äpfel, 375 ml Wasser, 100 g Zucker, 1/2 Stange Zimt,
2 Nelken, 750 ml Holunderbeersaft, 1 EL Speisestärke.
Für die Häubchen: 2 Eiweiß, 1 Prise Zucker

Die Äpfel schälen, das Kerngehäuse entfernen, vierteln und in Stücke schneiden. Das Wasser mit Zucker, Zimt und Nelken aufkochen, die Apfelstücke einlegen, den Holundersaft zufügen und 5 Minuten gar ziehen lassen. Nelke und Zimtstange herausnehmen. Die Stärke in etwas Wasser anrühren, und die Suppe damit andicken. Einen flachen, großen Topf mit Wasser erhitzen. Für die Häubchen Eiweiße mit dem Zucker steif schlagen. Mit zwei Teelöffeln Klößchen vom Eiweiß abstechen und auf das heiße Wasser setzen. Zugedeckt gar ziehen lassen. Herausnehmen und zum Servieren auf die Holundersuppe setzen.

Thüringer Kochkäse "Brand-Matten"

600 g Speisequark, 125 g Sahne,
Salz, Paprika edelsüß, schwarzer Pfeffer,
100 g Butter

Den Quark in einer Tonschüssel zugedeckt mit einem feuchten Leintuch 1 1/2 Tage warm stellen, bis sich der Quark mit einer leichten, käseartigen Schicht überzogen hat. Sahne und Gewürze zufügen, dann zu einer glatten Masse verarbeiten. Den Quark in einem Topf unter Rühren zum Kochen bringen und zum Schluß die Butter unterziehen. Nochmals kurz aufkochen, in eine Schüssel umfüllen und erkalten lassen. Mit Vollkornbrot oder Rücklingen (Brötchen mit Sauerteig), Butter und einem kühlen Bier als Imbiß oder Abendbrot reichen.
Tip: Der Käse läßt sich auch mit anderen Gewürzen wie z.B. Majoran, Knoblauch und Kümmel abwandeln.

SUPPEN UND SCHMANKERLN

Thüringer Rostbrätel

4 Scheiben Schweinekamm (je 250 g), Salz, schwarzer Pfeffer, 1 EL Öl, dunkles Bier, 4 Rücklinge (Brötchen aus Sauerteig) oder Schwarzbrot, Senf

Das Fleisch salzen und pfeffern. Einen Rost einölen und die Fleischscheiben darauf legen. Den Backofen auf 220 Grad vorheizen und den Rost einschieben. Das Fleisch hin und wieder mit Bier einpinseln und einige Male wenden, bis es gar ist. Die Rücklinge oder die Brotscheiben mit dem Senf bestreichen und das Fleisch darauf legen. Dazu serviert man ein kühles Bier.

Abbildung unten

Matjesfilet in Apfelsahnesauce

*8 Matjesfilets, 500 ml Milch. Für die Sauce:
500 g saure Sahne, 2 EL Mayonnaise, 1 EL Zucker,
weißer Pfeffer, 4 EL Weinessig, 2 Gewürzgurken, 2 große Zwiebeln,
2 säuerliche Äpfel. Zum Garnieren: 1 Tomate in Scheiben,
4 grüne Salatblätter, 1 Stengel Petersilie*

Die Matjesfilets 3 Stunden in Milch einlegen, so daß sie bedeckt sind. Für die Sauce saure Sahne und Mayonnaise verrühren. Mit Zucker, frisch gemahlenem Pfeffer und Essig abschmecken. Die Gurken in Scheiben schneiden. Die Zwiebeln schälen und in Ringe schneiden. Die Äpfel schälen, vierteln, entkernen und in Scheiben schneiden. Die

SUPPEN UND SCHMANKERLN

Gurken, Zwiebeln und Äpfel zur Sauce geben und gut durchmischen. Die Matjesfilets aus der Milch nehmen und in die Sauce einlegen, 1 Tag ziehen lassen.

Die Matjesfilets mit je einer Scheibe Tomate, einem Blatt grünen Salat und etwas Petersilie garnieren. Dazu Petersilienkartoffeln servieren.

Abbildung vorherige Seite

Vogtländer Speckpuffer

*750 g rohe Kartoffeln,
100 g durchwachsener Speck, 1 Zwiebel,
Salz, 2 Eier, 1 EL Mehl. Zum Ausbacken: Pflanzenfett*

Die Kartoffeln schälen, reiben und etwas ausdrücken. Den Speck würfeln und in einer Pfanne auslassen. Die Zwiebel schälen und ebenfalls reiben. Alles in eine Schüssel geben, mit Salz, Eier und Mehl zu einem Teig verarbeiten. Das Fett in der Pfanne erhitzen und nacheinander handtellergoße, knusprige Puffer ausbacken. Die Puffer, mit Sauerkohl (Rezept s. Seite 40) und Thüringer Rostbratwurst serviert, ergeben eine deftige, schmackhafte Zwischenmahlzeit. Die Speckpuffer schmecken auch als Beilage zu Wild, Kohl und Braten sehr köstlich.

SUPPEN UND SCHMANKERLN

Gefüllte Kartoffeln

4 große Kartoffeln, 1 l Wasser, Salz,
2 gewässerte und geputzte Salzheringe, 1 Zwiebel,
weißer Pfeffer, Zucker, Essig, 40 g Butter, 100 g Crème fraîche.
Zum Garnieren: 1 Bund Schnittlauch

Die Kartoffeln schälen und in Salzwasser fast gar kochen. Abgießen und leicht abkühlen lassen. Die Kartoffeln halbieren und mit einem Kaffeelöffel aushöhlen. Die Salzheringe in Würfel schneiden. Die Zwiebel schälen und in dünne Scheiben schneiden. Die Zwiebelscheiben mit den Heringswürfeln mischen, mit frisch gemahlenem Pfeffer, Zucker und etwas Essig abschmecken, kalt stellen. Die Kartoffeln mit der Öffnung nach unten in eine feuerfeste Form legen, die Butter in Flöckchen darauf setzen und unter dem Grill leicht bräunen lassen. Herausnehmen und mit den Salzheringswürfeln füllen. Auf eine Platte setzen, und auf jede Kartoffel etwas Crème fraîche geben. Den Schnittlauch waschen, in Röllchen schneiden und über die Kartoffeln streuen.

Schweinshaxe in Aspik

(für 8 Personen)

1 kg Schweinshaxe (in 3 Scheiben geschnitten),
1 Bund Suppengrün, 1 Zwiebel, 2 Knoblauchzehen,
300 g mageres Schweinefleisch, 2 Nelken, 10 Pfefferkörner,
2 Lorbeerblätter, 4 Zitronenscheiben, 125 ml Essig, 12 Blatt
weiße Gelatine, Salz. Zum Garnieren: 2 gegarte Karotten
vom Suppengrün in Scheiben, 1 Gewürzgurke in Stiften,
einige glatte Petersilienblättchen

Die Haxenscheiben in 1 1/2 l kaltem Wasser ansetzen, aufkochen und abschäumen. Das Suppengrün putzen, die Zwiebel und Knoblauchzehen schälen und zerkleinern, dann mit dem Schweinefleisch, Gewürzen, Zitronenscheiben und Essig in den Schnellkochtopf geben und 20 – 25 Minuten kochen. Im normalen Kochtopf ca. 90 Minuten kochen.

SUPPEN UND SCHMANKERLN

Den Sud erkalten lassen und überschüssiges Fett abheben. Den Sud durch ein Sieb gießen, im Topf erhitzen und etwas einkochen lassen. Die eingeweichte Gelatine ausdrücken und im heißen Sud auflösen. Mit Salz und etwas Essig nochmals abschmecken. Das Fleisch von den Knochen lösen, mit dem Schweinefleisch in große Stücke schneiden. Eine Schüssel oder Form 1 cm hoch mit Gelierbrühe einfüllen und fest werden lassen. Darauf die Karottenscheiben, Gurkenstifte und die Petersilienblätter legen. Dann die Fleischstücke einlegen und mit dem Sud auffüllen. Im Kühlschrank fest werden lassen. Zum Servieren stürzen und dazu Bauernbrot oder Bratkartoffeln reichen.

Gefüllte Eier

4 Eier, 1 EL Kräutersenf, 2 EL Mayonnaise,
Salz, weißer Pfeffer, 1/2 TL Paprika edelsüß, 1 TL Essig.
Zum Garnieren: 1/2 Bund Dill

Die Eier in 10 Minuten hart kochen. Abschrecken, schälen und halbieren. Die Eigelbe herausholen und mit einem Mixer pürieren oder einer Gabel zerdrücken. Mit Kräutersenf, Mayonnaise, Salz, frisch gemahlenem Pfeffer, Paprika und Essig abschmecken. Gut durchrühren, bis eine cremige Masse entstanden ist. Die Masse in einen Spitzbeutel geben und die Eier damit füllen. Den Dill waschen und die Eier mit den Dillfähnchen garnieren.
In die Mitte der Eierplatte kann man noch eine Kräuterbutterrosette, mit Dill garniert, setzen.

FLEISCHGERICHTE

Gespickter Sauerbraten

*1 kg Rindfleisch vom Schlegel, 100 g grüner Speck.
Für die Beize: 750 ml Wasser, Salz, 250 ml Essig, 1 Bund Suppengrün,
2 Zwiebeln, 2 Lorbeerblätter, 6 Pfefferkörner, 4 Wacholderbeeren.
Zum Braten: 50 g Schweineschmalz, 500 ml von der Beize.
Für die Sauce: 2 EL Butter, 2 EL Zucker, 1 EL Mehl,
200 g saure Sahne, 75 ml Weißwein, 1 Pfefferkuchen,
100 g Rosinen, Salz, schwarzen Pfeffer*

Das Fleisch unter kaltem Wasser abspülen und trockentupfen. Den Speck in Streifen schneiden, und das Fleisch damit spicken. Mit dem Wasser, Salz, Essig, dem geputzten Suppengrün, den geschälten, geviertelten Zwiebeln und den Gewürzen eine Beize kochen. Das Fleisch einlegen, zudecken und 3 – 8 Tage kalt stellen. Das Fleisch aus der Beize nehmen, abtrocknen und eventuell noch etwas häuten. Schmalz im Bräter erhitzen, und das Fleisch von allen Seiten gut anbraten. Den Sauerbraten ca. 2 Stunden bei 220 Grad zugedeckt schmoren lassen. Hin und wieder mit der Beize begießen. Für die Sauce aus Butter, Zucker und Mehl eine Mehlschwitze herstellen, mit etwas Beize, saurer Sahne und Weißwein aufgießen. Den Pfefferkuchen reiben und mit den Rosinen dazugeben. So lange kochen, bis die Sauce sämig ist. Mit Salz und frisch gemahlenem Pfeffer abschmecken. Den Braten aufschneiden und mit der Sauce zu Wattenklößen (Rezept s. Seite 70) und Apfelrotkohl servieren.

FLEISCHGERICHTE

Gefüllte Rinderrouladen

4 Rinderrouladen (ca. 750 g), Salz, Pfeffer,
4 TL Senf, 2 Zwiebeln, 4 Gewürzgurken, 4 Scheiben durchwachsener,
geräucherter Speck, 2 EL Öl, 250 ml Fleischbrühe,
Salz, schwarzer Pfeffer, 125 g Sahne

Die Rouladen leicht klopfen, mit Salz und frisch gemahlenem Pfeffer einreiben, dann mit dem Senf bestreichen. Die Zwiebeln schälen und in feine Ringe, die Gurken in Streifen schneiden. Die vier Speckscheiben in Würfel schneiden und mit den Zwiebeln und Gurken auf den Rouladen verteilen. Die Rouladen aufrollen, mit Rouladenhaltern, Holzspießen, Küchengarn zusammenhalten bzw. umwickeln.

Das Öl im Schnellkochtopf erhitzen, die Rouladen rundum kräftig anbraten, mit der Fleischbrühe aufgießen und im geschlossenen Topf 12 – 15 Minuten braten. Die Rouladen herausnehmen. Die Sauce eventuell noch etwas einkochen lassen. Mit Salz und frisch gemahlenem Pfeffer abschmecken. Zum Schluß die Sahne unterrühren. Die Rouladen mit der Sauce servieren, dazu passen Salzkartoffeln und Apfelrotkohl.

Gepökelte Rinderbrust mit Petersiliensauce

1 kg gepökelte Rinderbrust,
1 Bund Suppengrün, 2 Zwiebeln, 6 Pfefferkörner,
1 Lorbeerblatt, 1 1/2 l Wasser. Für die Sauce: 5 Bund glatte Petersilie,
1 Päckchen Kresse, 2 Knoblauchzehen, 200 g Zwiebeln,
125 ml Öl, Salz, 1 Msp. Cayennepfeffer, Zucker,
2 TL Essig-Essenz 25%.

Die Rinderbrust kalt abwaschen. Das Suppengrün putzen, grob zerkleinern, die Zwiebeln schälen, achteln, mit den Pfefferkörnern und Lor-

beerblatt ins Wasser geben, dann aufkochen lassen. Die Rinderbrust zugeben und ca. 2 Stunden garen. Für die Sauce die Petersilie wa-

FLEISCHGERICHTE

schen, von den Stielen zupfen und fein hacken. Die Kresse waschen und die Blättchen abschneiden. Die Knoblauchzehen schälen und durch die Presse drücken. Die Zwiebeln schälen und fein würfeln. Alles mit dem Öl verrühren, dann mit Cayennepfeffer, Zucker und Essig-Essenz scharf und süßsauer abschmecken. Das Fleisch aus dem Sud nehmen, in Scheiben schneiden und mit der Petersiliensauce heiß servieren. Auch kalt aufgeschnitten ist die Rinderbrust eine Delikatesse.

Rindfleisch mit Rosinensauce

1 kg Rindfleisch (Suppenfleisch durchwachsen).
Für die Beize: 750 ml Wasser, Salz, 250 ml Essig,
1 Bund Suppengrün, 2 Zwiebeln, 2 Lorbeerblätter, 6 Pfefferkörner,
4 Wacholderbeeren. Zum Braten: 50 g Schweineschmalz,
50 g Speck in Scheiben, 500 ml von der Beize.
Für die Sauce: 2 EL Butter, 2 EL Zucker, 1 EL Mehl,
100 g saure Sahne, 75 ml trockener Weißwein, 1 Pfefferkuchen,
100 g Sultaninen, 125 g gehackte Mandeln,
Salz, schwarzer Pfeffer

Das Fleisch unter kaltem Wasser abspülen und trockentupfen. Mit dem Wasser, Salz, Essig, dem geputzten Suppengrün, den geschälten, geviertelten Zwiebeln und den Gewürzen eine Beize kochen. Das Fleisch einlegen, zudecken und 3 – 8 Tage kalt stellen.
Das Fleisch aus der Beize nehmen, abtrocknen und eventuell noch etwas häuten. Schmalz im Bräter erhitzen, und das Fleisch von allen Seiten gut anbraten. Das Rindfleisch mit den Speckscheiben belegen und 1 1/2 Stunden bei 220 Grad zugedeckt schmoren lassen. Hin und wieder mit der Beize begießen. Für die Sauce aus Butter, Zucker und Mehl eine Mehlschwitze herstellen, mit etwas Beize, saurer Sahne und Weißwein aufgießen. Den Pfefferkuchen reiben, die Sultaninen und Mandeln zugeben, so lange kochen, bis die Sauce sämig ist.
Mit Salz und frisch gemahlenem Pfeffer abschmecken.
Den Braten aufschneiden und mit der Sauce zu Kartoffelplätzchen (Rezepte s. Seite 66) und Apfelrotkohl servieren.

23

FLEISCHGERICHTE

Schmorfleisch auf sächsische Art

*1 kg Ochsenfleisch aus der Hüfte,
50 g fetter Speck, Salz, schwarzer Pfeffer, 30 g Butterschmalz,
1 Zwiebel, 1 Bund Suppengrün, 1 EL Mehl,
200 ml Fleischbrühe, 3 EL Tomatenmark*

Das Fleisch mit dem Speck spicken, salzen, pfeffern und im heißen Fett allseitig anbraten. Die Zwiebel schälen, würfeln und zugeben. Das Suppengrün putzen, waschen, kleinschneiden und zufügen. Das Mehl darüber stäuben und wenn alles schön braun ist, mit der Fleischbrühe ablöschen. Das Tomatenmark zugeben und zugedeckt ca. 2 Stunden weich schmoren.
Mit Vogtländer Klößen (Rezept s. Seite 70) auf vorgewärmten Tellern servieren. *Abbildung rechts*

Meerrettichfleisch

*1 kg Rindfleisch (am besten Bug), Salz,
schwarzer Pfeffer, 30 g Butterschmalz, 1 Zwiebel,
1 Stange Meerrettich, 1 säuerlicher Apfel, 250 ml Fleischbrühe,
2 EL Semmelbrösel, 200 g saure Sahne*

Das Fleisch kalt abspülen und trockentupfen. Mit Salz und frisch gemahlenem Pfeffer einreiben. Das Butterschmalz in einer Pfanne erhitzen, und die geschälte und gewürfelte Zwiebel darin andünsten. Den Meerrettich und den Apfel schälen, dann reiben. Das Fleisch mit den Zwiebelwürfeln von allen Seiten anbraten und in eine Bratreine geben. Mit einem Teil der Fleischbrühe aufgießen, den Meerrettich und Apfel zugeben und mit geschlossenem Deckel ca. 2 Stunden schmoren lassen. Hin und wieder mit der Fleischbrühe begießen. Die Sauce mit den Semmelbröseln binden und mit der sauren Sahne verfeinern. Eventuell nochmals abschmecken.
Das Meerrettichfleisch mit Kartoffelsalat (Rezept s. Seite 67), Vogtländer Klößen (Rezept s. Seite 70) oder Seidenen "Watteklößen" (Rezept s. Seite 70) servieren.

FLEISCHGERICHTE

Gekochtes Ochsenfleisch

*1 kg Ochsenfleisch (am besten Bug oder Rosenspitz),
1 1/2 l Wasser, Salz, 3 Tomaten, 2 Lorbeerblätter, 10 Pfefferkörner,
1 Zwiebel, 2 Nelken, 1 Bund Suppengrün*

Das Fleisch kalt abspülen und in kochendes Salzwasser geben. Die gewaschenen Tomaten, Lorbeerblätter und Pfefferkörner zugeben. Die Zwiebel schälen und mit den Nelken spikken. Das Suppengrün putzen und mit der Zwiebel hinzugeben. Etwa 2 Stunden bei geringer Hitze sieden lassen.

Im Schnellkochtopf beträgt die Garzeit 40 Minuten. Das Fleisch noch etwas ruhen lassen, dann aus der Brühe nehmen und in Scheiben schneiden. Das Fleisch mit Brühe servieren. Dazu Kartoffelsalat (Rezept s. Seite 67) oder Bratkartoffeln und frisch geriebenen Meerrettich reichen.

Rinderschmorbraten in Bier

*500 ml Fleischbrühe, 500 ml Bier, 1 kg Rindfleisch
(Schwanzstück), Salz, schwarzer Pfeffer, 1 Zwiebel, 1 Lorbeerblatt,
250 g Karotten, 1 Kohlrabi, 2 Staudensellerie, 1 Stange Lauch,
1 kleiner Wirsingkohl*

Das Fleisch kalt abspülen und trockentupfen. Die Fleischbrühe mit dem Bier in einem großen Topf aufkochen, und das Fleisch hineingeben. Bei mittlerer Hitze leicht kochen lassen. Salz, Pfeffer, die geschälte Zwiebel und das Lorbeerblatt zufügen. In der Zwischenzeit das Gemüse putzen, waschen, die Kohlrabi schälen und würfeln. Den Staudensellerie, den Lauch und die Karotten in Stücke, den Wirsing in

Viertel oder Achtel, je nach Größe, schneiden. Nach 90 Minuten die Zwiebel und das Lorbeerblatt herausnehmen, und das Gemüse zum Fleisch geben. Noch weitere 15 Minuten kochen lassen. Das Fleisch aus der Fleischbrühe nehmen und in fingerdicke Scheiben schneiden. Auf einer Platte anrichten, mit der heißen Fleischbrühe übergießen und dazu Salzkartoffeln servieren. Dazu paßt ein kühles Bier.

FLEISCHGERICHTE

Bauerntopf

*Für den Sud: 1 l Gemüse- oder Fleischbrühe,
2 Knoblauchzehen, 1 Stück unbehandelte Zitronenschale,
1 EL weiße Pfefferkörner, 1 Lorbeerblatt.
Außerdem: 750 g Schweinefleisch, 1 EL Mehl, 1 EL Butter,
600 g tiefgefrorene Erbsen. Für die Sauce: 2 Eigelb,
125 g saure Sahne, 1 EL Zitronensaft,
Salz, weißer Pfeffer*

Für den Sud die Brühe mit den ungeschälten Knoblauchzehen, Zitronenschale, Pfefferkörnern und dem Lorbeerblatt aufkochen. Das Fleisch waschen und trockentupfen. In den Sud einlegen und im geschlossenen Topf 90 Minuten garen. Abkühlen lassen und in nicht zu kleine Würfel schneiden. Die Brühe durch ein Sieb gießen, in den Topf zurückgeben und auf die Hälfte einkochen. Mehl und Butter miteinander verkneten, zur Brühe geben und aufkochen. Die Erbsen und das Fleisch zugeben und 5 Minuten ziehen lassen. Fleisch und Gemüse in eine vorgewärmte Terrine füllen. Die Eigelbe mit der sauren Sahne verquirlen, und die Sauce legieren. Mit Zitronensaft, Salz und frisch gemahlenem Pfeffer abschmecken. Die Sauce über das Fleisch geben.
Den Bauerntopf mit Nudeln oder Spätzle servieren.

FLEISCHGERICHTE

Topfbraten Thüringer Art

1,2 kg Schweinskopf, Ohr, magerer Schweinebauch, Schweineherz und Schweinenieren, Salz, 1 Lorbeerblatt, 1 Zwiebel, 50 g Pfefferkuchen, 2 EL Mehl, 2 EL Weinessig, 3 EL Zucker, 3 EL Pflaumenmus

Das sauber gewaschene Fleisch und die Innereien mit Salz, Lorbeerblatt und geschälter, aufgeschnittener Zwiebel bei milder Hitze mit reichlich Wasser 90 Minuten weich kochen. Das Fleisch herausnehmen, in Scheiben schneiden und warm stellen. Die Brühe durch ein Sieb gießen und den zerriebenen Pfefferkuchen darin 15 Minuten kochen. Das Mehl mit etwas Wasser anrühren, zur Brühe geben und aufkochen. Noch einmal alles durch ein Sieb passieren. Die Sauce mit Essig, Zucker und Pflaumenmus abschmecken. Das Fleisch in der Sauce mit Watteklößen (Rezept s. Seite 70) servieren. *Abbildung unten*

Weimarer Zwiebelfleisch

1 kg Zwiebeln, 30 g Butter, 500 g Schweineknochen mit Fleisch, 3 – 4 altbackene Brötchen, 300 g Rindfleisch, 1 Prise Zucker, Salz, schwarzer Pfeffer, etwas Kümmel. Zum Garnieren: Petersilie

Die Zwiebeln schälen und fein schneiden. Die Butter in einer Pfanne erhitzen, die Zwiebeln zugeben, mit so viel Wasser ablöschen, daß sie gerade bedeckt sind, und dünsten. Die Schweineknochen in Wasser ansetzen und kochen. Die Brötchen in Scheiben schneiden. Das Rindfleisch waschen und trockentupfen, dann in Scheiben schneiden. Die Rindfleischscheiben auf die Zwiebeln legen und 60 Minuten

FLEISCHGERICHTE

mitdämpfen. Sobald sie weich sind, die Brötchenscheiben dazulegen. Die Schweinsbrühe zugießen und zusammen 10 Minuten leicht kochen lassen. Jetzt erst durchrühren. Mit Zucker, Salz, frisch gemahlenem Pfeffer und dem Kümmel gut abschmecken. Das Zwiebelfleisch mit etwas Petersilie garnieren, anrichten und mit Thüringer Grünen Klößen (Rezept s. Seite 67) servieren. *Abbildung vorherige Seite*

Pikantes Herz

500 g Kalbsherz, Salz, 2 Zwiebeln,
50 g Butter, 2 EL Mehl, 250 ml Fleischbrühe, 2 EL Weinessig,
200 g saure Sahne, Salz, Pfeffer, 1 TL Zucker

Das vorbereitete Herz gründlich waschen und im Ganzen in Salzwasser ca. 50 Minuten weich kochen. Etwas abkühlen lassen und in feine Streifen schneiden. Die Zwiebeln schälen und würfeln. Die Zwiebeln mit der Butter andünsten, und die Herzstreifen zugeben. Das Mehl über das Herz stäuben und alles miteinander verrühren, dann mit der Fleischbrühe aufgießen. Das Herz in der Sauce 5 Minuten leicht köcheln lassen. Den Weinessig zugeben und die saure Sahne unterrühren. Mit Salz, frisch gemahlenem Pfeffer und Zucker pikant abschmecken.

Das pikante Herz in tiefen Tellern mit Seidenen "Watteklößen" (Rezept s. Seite 70) servieren.

Kalbsrahmragout

1 Zwiebel, 60 g Butter, 750 g Kalbschulter,
2 EL Paprika edelsüß, Salz, schwarzer Pfeffer, 250 ml Fleischbrühe,
250 g Kartoffeln, 1 rote Paprikaschote, 1 EL Tomatenmark,
100 g Crème fraîche. Zum Garnieren: 1 Bund Petersilie

Die Zwiebel schälen und kleinhakken. Die Butter in einem Topf erhitzen, und die Zwiebeln darin glasig dünsten. Das Fleisch waschen,

FLEISCHGERICHTE

trockentupfen und in ca. 3 cm große Würfel schneiden. Das Fleisch zu den Zwiebeln geben, mit dem Paprika, Salz und frisch gemahlenem Pfeffer würzen. Danach mit der Fleischbrühe aufgießen und 60 Minuten leicht kochen lassen. In der Zwischenzeit die Kartoffeln schälen und in Würfel schneiden. Die Paprikaschote waschen, halbieren, entkernen und in Streifen schneiden. Kartoffeln und Paprikaschote mit dem Tomatenmark 30 Minuten vor Ende der Garzeit zufügen, mitkochen lassen. Das Ragout mit der Crème fraîche, Salz und Pfeffer abschmecken. Die Petersilie waschen und kleinhacken. Das Ragout mit der Petersilie bestreuen und mit Butternudeln servieren.

Bierfleisch mit Apfelscheiben

1 Zwiebel, 60 g Schweineschmalz, 750 g Schweineschulter, 2 EL Paprika edelsüß, Salz, schwarzer Pfeffer, 1/2 TL gemahlener Kümmel, 250 ml Fleischbrühe, 250 ml helles Bier, 2 große Äpfel, 2 EL Butter, 1 EL Mehl, etwas Wasser, 1 EL Tomatenmark, Salz, schwarzer Pfeffer. Zum Garnieren: 1 Bund Petersilie

Die Zwiebel schälen und kleinhakken. Das Schmalz in einem Topf erhitzen und die Zwiebel darin andünsten. Das Fleisch waschen, trockentupfen und in ca. 3 cm große Würfel schneiden. Das Fleisch zu den Zwiebeln geben, mit dem Paprika, Salz, frisch gemahlenem Pfeffer und Kümmel abschmecken. Mit der Fleischbrühe und dem Bier aufgießen und 90 Minuten leicht kochen lassen. In der Zwischenzeit die Äpfel schälen, das Kerngehäuse herausstechen und in Scheiben schneiden. Die Apfelscheiben in der Butter goldbraun anbraten und warm stellen. Das Mehl mit etwas Wasser anrühren und das Fleisch damit binden. Das Gulasch mit dem Tomatenmark, Salz und frisch gemahlenem Pfeffer abschmecken. Die Petersilie waschen und kleinhacken. Die gebratenen Apfelscheiben auf das Gulasch legen und mit der Petersilie bestreut servieren. Zu diesem herzhaften Gericht passen Salzkartoffeln, Kartoffelplätzchen (Rezept s. Seite 66) und ein kühles Bier.

31

FLEISCHGERICHTE

Thüringer Schweine-Sauerfleisch

1 kg Schweinenacken, 1 Bund Suppengrün,
1 Lorbeerblatt, Salz, schwarzer Pfeffer. Für die Sauce: 2 EL Mehl,
Salz, schwarzer Pfeffer, 2 – 3 EL Weinessig, 1 Prise Zucker

Das Fleisch in Wasser aufsetzen, aufkochen lassen und abschäumen. Das Suppengrün waschen, putzen und mit den Gewürzen zum Fleisch geben. Zugedeckt 90 Minuten langsam gar kochen. Für die Sauce das Mehl mit etwas von der Brühe glattrühren, zugeben und aufkochen lassen. Mit Salz, frisch gemahlenem Pfeffer, Essig und Zucker pikant abschmecken. Das Fleisch in Scheiben schneiden und mit Sauerkohl (Rezept s. Seite 40) und Thüringer Grünen Klößen (Rezept s. Seite 67) servieren. Die Sauce separat dazu reichen. *Abbildung rechts*

Lammtopf

750 g Lammfleisch, 5 EL Öl, Salz, schwarzer Pfeffer,
1 Bund Frühlingszwiebeln, 3 Knoblauchzehen, 2 rote Paprikaschoten,
2 Kohlrabi, 1 Bund Thymian, 125 ml Fleischbrühe,
200 ml saure Sahne, 1 Bund gemischte Kräuter

Das Fleisch waschen, trockentupfen und in Streifen schneiden. Das Öl in einer Pfanne erhitzen, und das Fleisch darin rundum anbraten. Mit Salz und frisch gemahlenem Pfeffer abschmecken. Die Frühlingszwiebeln putzen, waschen und in Ringe schneiden. Die Knoblauchzehen schälen und durch die Presse drücken. Beides zum Fleisch geben und glasig dünsten. Die Paprikaschoten waschen, halbieren und entkernen, dann in Stücke schneiden. Die Kohlrabi schälen und würfeln. Den Thymian waschen und von den Stengeln streichen. Das Gemüse zum Fleisch geben, andünsten und mit dem frischen Thymian abschmecken. Mit der Brühe aufgießen und im geschlossenen Topf 30 Minuten garen. Die Kräuter waschen und kleinhacken. Zum Schluß die saure Sahne und die Kräuter unterrühren.

FLEISCHGERICHTE

Lammfrikassee

250 g Lammschulter, 1 Knoblauchzehe, 1 Karotte,
2 EL Olivenöl, 250 g Reis, 500 ml Fleischbrühe, 2 EL Rosinen, Salz,
1 TL gemahlener Zimt, 1 Prise Cayennepfeffer.
Für die Sauce: 200 g saure Sahne, 1 Knoblauchzehe, Salz,
weißer Pfeffer, 1 TL Zucker, 1 TL Zitronensaft

Das Lammfleisch waschen, trockentupfen und in Streifen schneiden. Den Knoblauch schälen und durch die Presse drücken. Die Karotte schälen und in Stifte schneiden. Das Öl in einer Pfanne erhitzen, das Fleisch, den Knoblauch und die Karotten anbraten. Den Reis zugeben, glasig andünsten und mit der Fleischbrühe aufgießen, dann die Rosinen zugeben. Mit Salz, Zimt und Cayennepfeffer abschmecken, dann zugedeckt 20 Minuten quellen lassen. Aus saurer Sahne, der ausgepreßten Knoblauchzehe, Salz, frisch gemahlenem weißem Pfeffer, Zucker und Zitronensaft eine Sauce rühren, kalt stellen.
Die Sauce gut gekühlt zum Lammfrikassee servieren.

Marinierte Lammkeule "Bastei"

(für 6 Personen)

Für die Marinade: 250 ml Weißwein,
2 EL Essig-Essenz 25%, 2 Zwiebeln, 2 Knoblauchzehen,
je 1 TL Rosmarin, Thymian, Oregano, 4 TL Öl, 10 weiße
Pfefferkörner. Für den Braten: 1 Lammkeule (ca. 2 kg), 250 ml Wasser,
Salz, schwarzer Pfeffer, 3 EL Öl, 1 kg kleine Zwiebeln, 50 g Butter,
1 EL Zucker, 500 ml Fleischbrühe, je 1 rote und gelbe Paprikaschote,
4 EL Crème fraîche, 1 EL Mehl, 2 frische Oreganozweige

Aus Weißwein, Essig-Essenz, den geschälten und in Ringe geschnittenen Zwiebeln, den geschälten und zerdrückten Knoblauchzehen, Kräutern, Öl und zerstoßenen Pfefferkörnern eine Marinade herstellen. Die

FLEISCHGERICHTE

Marinade in eine Deckelschüssel geben, die Lammkeule einlegen und unter Wenden 24 Stunden ziehen lassen. Den Backofen auf 220 Grad vorheizen. Das Wasser in die Fettpfanne des Backofen gießen. Die Lammkeule aus der Marinade nehmen, gut abtrocknen, mit Salz und frisch gemahlenem Pfeffer rundum einreiben. Mit Öl einpinseln und in 30 Minuten bei 220 Grad garen. Dann gut 2 Stunden bei 180 Grad langsam weitergaren lassen. Nach und nach mit der durchgesiebten Marinade begießen. Die Zwiebeln schälen, in Butter und Zucker gold-

gelb anbraten. Die Fleischbrühe zugießen und 15 Minuten garen. Inzwischen die Paprikaschoten putzen, waschen, halbieren, entkernen und in Stücke schneiden. Dazugeben und noch 15 Minuten mitgaren. Für die Sauce den Gemüsesud und den Bratensaft aufkochen, mit der Crème fraîche verrühren und mit dem angerührten Mehl binden. Eventuell noch mit Zucker und Essig-Essenz abschmecken. Die Lammkeule mit dem Gemüse auf einer Platte anrichten, eventuell mit einigen frischen Oreganoblättchen bestreuen.

Hammelfleisch mit Bohnen

750 g Hammelfleisch aus der Schulter, Salz,
schwarzer Pfeffer, 4 EL Pflanzenöl, 1 Zwiebel, 1 Knoblauchzehe,
1 1/2 l Fleischbrühe, 500 g grüne Bohnen, 500 g Kartoffeln,
1/2 Bund Bohnenkraut, Salz, schwarzer Pfeffer.
Zum Garnieren: 1 Bund Petersilie

Das Fleisch waschen, trockentupfen und in Würfel schneiden. Mit Salz und frisch gemahlenem Pfeffer würzen. Das Öl in einer Pfanne erhitzen und die Fleischwürfel anbraten. Die Zwiebel schälen und klein würfeln. Die Knoblauchzehe schälen und durch die Presse drücken. Beides zum Fleisch geben und andünsten. Mit der Fleischbrühe aufgießen und 75 Minuten garen las-

sen. Die Bohnen putzen, waschen, eventuell brechen. Die Kartoffeln schälen und würfeln. Die Bohnen und die Kartoffeln 20 Minuten vor Ende der Garzeit mit dem Bohnenkraut zugeben. Mit Salz und frisch gemahlenem Pfeffer abschmecken. Die Petersilie waschen, kleinhacken und vor dem Servieren über den Hammeltopf streuen. Das Hammelfleisch sehr heiß servieren.

35

Thüringer Blutwurst mit süßsauren Linsen

250 g Linsen, 250 g Suppengemüse (Lauch, Karotten, Petersilienwurzel, Sellerie), 2 Zwiebeln, 100 g magerer Speck, 2 EL Weinessig, Salz, schwarzer Pfeffer, Zucker, 500 g frische Blutwurst

Die Linsen am Vorabend in Wasser einweichen. Mit dem Einweichwasser zum Kochen bringen. Das Suppengemüse putzen, waschen und etwas zerkleinern, dann zu den Linsen geben und 60 Minuten leicht kochen lassen. Die Zwiebeln schälen und würfeln. Den Speck ebenfalls in Würfel schneiden und in einer Pfanne auslassen. Die Zwiebelwürfel mit dem Speck dünsten. Beides zu den Linsen geben und mit Essig, Salz, frisch gemahlenem Pfeffer und Zucker abschmecken. Die Blutwurst in Scheiben schneiden und mit den Linsen servieren. *Abbildung oben*

FLEISCHGERICHTE

Thüringer Rotkohlwickel

*8 große Rotkohlblätter, 750 g Rinderhackfleisch,
2 Eier, 1 Bund Petersilie, 2 Zwiebeln, 1 Knoblauchzehe,
50 g Semmelbrösel, Salz, Pfeffer, 2 EL Butter, 125 ml Fleischbrühe,
250 g Pfifferlinge, 200 g saure Sahne, 2 EL Ketchup*

Die Kohlblätter ca. 3 Minuten in kochendem Wasser blanchieren und unter kaltem Wasser abschrecken. Das Hackfleisch mit den Eiern vermischen. Die Zwiebeln und die Knoblauchzehe schälen und sehr fein hakken. Mit den Semmelbröseln, dem Salz und frisch gemahlenen Pfeffer zum Fleischteig geben. Gut durchkneten und auf die Kohlblätter aufstreichen. Die Blätter aufrollen, die Seiten einklappen und mit einer Rouladenklammer oder einem Küchengarn zusammenhalten. Die Butter in einen Schmortopf geben, und die Kohlwickel nebeneinander hineinlegen und rundum anbraten. Mit der Fleischbrühe aufgießen und etwa 35 Minuten schmoren. In der Zwischenzeit die Pfifferlinge putzen,

FLEISCHGERICHTE

eventuell waschen, teilen und etwa 10 Minuten vor Ende der Garzeit zu den Rotkohlwickeln geben. Die Sauce mit der sauren Sahne und dem Ketchup abrunden. Danach die Kohlwickel mit den Pfifferlingen, Salzkartoffeln oder Kartoffelbrei servieren. *Abbildung vorherige Seite*

Gulasch mit Pilzen

4 Zwiebeln, 60 g Butterschmalz, 750 g Rindsgulasch, 2 EL Paprika edelsüß, Salz, schwarzer Pfeffer, 1/2 TL gemahlener Kümmel, 150 g Champignons, 500 ml helles Bier, 1 Bund gemischte Kräuter, 100 g saure Sahne, 1 EL Tomatenmark

Die Zwiebeln schälen und grob hakken. Das Schmalz in einem Topf erhitzen, und die Zwiebeln darin glasig dünsten. Das Fleisch waschen, trockentupfen und in ca. 3 cm große Würfel schneiden. Das Fleisch zu den Zwiebeln geben, mit dem Paprika, Salz, frisch gemahlenen Pfeffer und Kümmel abschmecken. Die Champignons putzen, eventuell waschen und in Scheiben schneiden. Beiseite stellen. Die Hälfte des Biers aufgießen und 60 Minuten leicht kochen lassen. Die Kräuter waschen und 10 Minuten vor Ende der Garzeit mit den Champignons und dem Rest Bier zugeben. Das Gulasch mit dem Rahm und dem Tomatenmark abschmecken. Evenuell nachwürzen. Das Gulasch heiß in einer Kasserolle servieren. Dazu passen Nudeln, Kartoffelbrei oder Salzkartoffeln.

Sächsische Leberscheiben

600 g Kalbsleber, 1 EL Mehl, 50 g Butter, 200 g saure Sahne, 2 EL Kapern, Schale von 1/2 Zitrone, Salz, schwarzer Pfeffer, 1 Bund Petersilie

Die Leber von Haut und Sehnen befreien und in Scheiben schneiden. Mit dem Mehl bestäuben und in Butter rasch von beiden Seiten anbraten. Mit der sauren Sahne aufgießen. Die Kapern und die Zitro-

FLEISCHGERICHTE

nenschale fein hacken, zugeben und 5 Minuten dünsten lassen. Mit Salz und frisch gemahlenem Pfeffer abschmecken. Die Petersilie waschen, klein hacken und zum Schluß über die Leber streuen. Die Leber und die Sauce sofort mit Kartoffelbrei oder Reis heiß servieren.

Saure Leber

500 g Jungrindleber, 1 Zwiebel, 50 g Butter,
2 EL Mehl, 250 ml Fleischbrühe, 1 EL Zitronensaft,
200 g saure Sahne, Salz, schwarzer Pfeffer, 1 TL Zucker

Die Leber von Sehnen und Haut befreien, dann in Stücke schneiden. Die Zwiebel schälen und würfeln. Die Zwiebeln mit der Butter andünsten und die Leberstücke zugeben. Das Mehl über die Leber stäuben und gut miteinander verrühren, dann mit der Fleischbrühe aufgießen. Die Leber in der Sauce 5 Minuten leicht köcheln lassen. Den Zitronensaft zugeben und die saure Sahne unterrühren. Mit Salz, frisch gemahlenem Pfeffer und Zucker abschmecken. Die saure Leber mit Kartoffelbrei oder Salzkartoffeln servieren.

Ochsenzunge in Rosinensauce

1 Ochsenzunge (500 g), Salz, 1 Bund Suppengrün,
1 Zwiebel, 2 Lorbeerblätter, 10 Pfefferkörner, 2 Nelken.
Für die Sauce: 150 g Rosinen, 500 ml Zungenbrühe, 40 g Butter,
2 EL Mehl, 3 EL Ketchup, 2 EL Weinessig, Salz,
schwarzer Pfeffer, 1 EL Zucker

Die Zunge waschen, salzen und mit dem geputzten Suppengrün, der geschälten, geviertelten Zwiebel, Lorbeerblättern, Pfefferkörnern und den Nelken im Wasser zum Kochen bringen. Die Zunge 120 Minuten kochen lassen. Im Schnellkochtopf 30 Minuten. Die Zunge herausnehmen, mit kaltem Wasser abschrecken und häuten. Anschließend in dünne

FLEISCHGERICHTE

Scheiben schneiden. Für die Sauce die Rosinen einweichen. Im Einweichwasser 10 Minuten kochen lassen. Die Butter in eine Pfanne geben und mit dem Mehl ein Mehlschwitze herstellen. Mit der Zungenbrühe ablöschen. Die abgetropften Rosinen zugeben und noch 5 Minuten mitkochen lassen. Ketchup, Essig, Salz und frisch gemahlenen Pfeffer hinzugeben, abschmecken. Die Ochsenzunge in der Rosinensauce mit Kartoffelbrei auf vorgewärmten Tellern servieren.

Thüringer Rostbratwurst auf Sauerkohl

12 Thüringer Rostbratwürste,
2 EL Butterschmalz, Senf, Sauerkohl

Den Sauerkohl (Rezept s. unten) zubereiten. Das Schmalz in einer Pfanne erhitzen und die Würste von allen Seiten knusprig braten. Den Sauerkohl erhitzen, in eine Schüssel füllen, und die Würste darauf anrichten. Mit Senf und Rücklingen (Brötchen aus Sauerteig) servieren.

Sauerkohl

50 g Butterschmalz, 1 Zwiebel, 750 g Sauerkohl,
6 Wacholderbeeren, 1 Lorbeerblatt, 6 Pfefferkörner, 1 EL Kümmel,
1 Bund Suppengrün, 250 g geräucherter, durchwachsener Speck,
250 ml Fleischbrühe, 1 TL Zucker

Das Butterschmalz in einer Pfanne erhitzen und die geschälte, gewürfelte Zwiebel darin kurz andünsten. Den Kohl in einem Topf erhitzen, die Zwiebelwürfel und die Gewürze dazugeben. Das Suppengrün putzen, waschen, grob zerkleinern und ebenfalls zum Kohl geben. Den Speck obenauf legen, die Fleischbrühe zugießen und den Kohl 60 Minuten leicht kochen lassen. Im Schnellkochtopf 12 Minuten kochen. Den Kohl mit dem Zucker abschmecken, und die Gewürze herausfischen. Thüringer Rostbratwurst und Salzkartoffeln dazu reichen.

Bratwurst mit Äpfeln

750 g Äpfel, 2 EL Zucker, 1/2 TL Zimt, 1 TL abgeriebene Zitronenschale, 125 g Rosinen, 500 g Bratwurst, 50 g Butter, 75 ml Weißwein oder Apfelsaft

Die Äpfel schälen, achteln und entkernen. Mit Zucker, Zimt und Zitronenschale bestreuen. Die Rosinen zugeben und zugedeckt 1 Stunde ziehen lassen. In einem Schmortopf die Bratwurst in der Butter anbraten. Die Äpfel zur Bratwurst geben, zudecken und ca. 20 Minuten schmoren lassen. Die Äpfel vorsichtig wenden. Die Sauce mit dem Weißwein oder Apfelsaft abrunden. Dazu passen gekochte oder Vogtländer Klöße (Rezept s. Seite 70).

Abbildung oben

WILD UND GEFLÜGEL

Wild und Geflügel

Rehgulasch mit Dörrobst

*150 g durchwachsener Speck,
1 kg Rehgulasch, 6 Schalotten, 3 Knoblauchzehen,
1 Karotte, 1/4 Sellerieknolle, 1 Stange Lauch, 250 g gemischtes
Dörrobst, 2 Thymianzweige, 1 Lavendelzweig, 1 Lorbeerblatt,
4 Wacholderbeeren, 2 Nelken, Salz, schwarzer Pfeffer,
500 ml Rotwein, 250 ml Wildfond, 125 ml Rotweinessig,
2 EL Mehl, 3 EL Johannisbeergelee, 1 EL Zucker, Salz,
weißer Pfeffer, 2 EL Tomatenmark, 100 g Sahne*

Den Speck in Streifen schneiden und in einem Topf auslassen. Das Rehfleisch darin rundum anbraten. Die Schalotten und die Knoblauchzehen schälen, in Scheiben schneiden, danach zum Fleisch geben und andünsten. Die Karotte und den Sellerie schälen, dann in Stifte schneiden. Den Lauch putzen, waschen und in Ringe schneiden. Das Gemüse und das Dörrobst zum Gulasch geben und 20 Minuten mitdünsten. Die Kräuter waschen und mit den Gewürzen zum Fleisch geben. Mit Rotwein, Wildfond und Essig aufgießen, dann 70 Minuten bei geringer Hitze schmoren lassen. Mit Mehl bestäuben und mit Johannisbeergelee, Zucker, Salz, frisch gemahlenem Pfeffer und Tomatenmark abschmecken. Zum Schluß die Sahne unterrühren. Das Rehgulasch mit Spätzle oder Salzkartoffeln servieren.

WILD UND GEFLÜGEL

Kaninchen in Buttermilch

(für 6 Personen)

1,5 kg Kaninchen, 500 g Zwiebeln, 2 Knoblauchzehen,
4 EL Olivenöl, 1 Salbeizweig, Salz, schwarzer Pfeffer, 3 EL Mehl,
500 ml Buttermilch, 2 EL Weinbrand

Das ausgenommene Kaninchen waschen, gut trockentupfen und in acht Teile zerlegen. Die Zwiebeln und die Knoblauchzehen schälen und in Stücke schneiden. Das Olivenöl in einem Topf erhitzen, die Zwiebeln, den Knoblauch und den Salbei anbraten, dann herausnehmen. Die Kaninchenteile im Öl rundum anbraten, mit Salz und frisch gemahlenem Pfeffer abschmecken, dann mit Mehl bestäuben. Die Zwiebeln, den Knoblauch, Salbei und die Buttermilch hinzugeben und im geschlossenen Topf 60 Minuten schmoren lassen. Die Sauce mit dem Weinbrand abschmecken, und das Kaninchen mit Nudeln in der Sauce servieren.

Hirschgulasch
"Augustusburg"

150 g durchwachsener Speck, 1 kg Hirschgulasch,
1 Zwiebel, 2 Knoblauchzehen, 2 Karotten, 1/4 Sellerieknolle,
1 Stange Lauch, 2 Thymianzweige, 1 Lavendelzweig, 1 Lorbeerblatt,
4 Wacholderbeeren, Salz, schwarzer Pfeffer, 250 ml Rotwein,
750 ml Wildfond, 150 g geschälte rote Linsen, 175 g Spätzle,
4 cl Medium Sherry, 1 EL Rotweinessig, 1 TL Zucker,
2 EL Tomatenmark, 100 g saure Sahne

Den Speck in Streifen schneiden und in einem Topf auslassen. Das gewürfelte Hirschfleisch darin rundum anbraten. Die Zwiebel und die Knoblauchzehen schälen und in Scheiben schneiden, zum Fleisch geben und andünsten. Die Karotten und den Sellerie schälen und in Stifte schneiden. Den Lauch putzen, waschen und in Ringe schneiden. Das Gemüse zum Gulasch geben und 10 Minuten mitdünsten. Die

WILD UND GEFLÜGEL

Kräuter waschen und mit den Gewürzen zum Fleisch geben. Mit Rotwein und dem Wildfond aufgießen, dann 60 Minuten bei geringer Hitze schmoren lassen. Die Linsen und die Spätzle zugeben, eventuell noch etwas Wildfond dazutun und 20 Minuten weiterkochen lassen. Mit Sherry, Essig, Zucker, Salz, frisch gemahlenem Pfeffer und Tomatenmark abschmecken. Zum Schluß die saure Sahne unterrühren. Das Hirschgulasch heiß mit Salzkartoffeln servieren.

Ente auf sächsische Art

1 Ente (ca. 2,5 kg), Salz, schwarzer Pfeffer,
250 g Backpflaumen ohne Stein, 1 Zwiebel, 2 Äpfel,
5 EL Semmelbrösel, 1 Ei, Salz, schwarzer Pfeffer, 1/2 TL Zimt,
1/2 TL Zucker, Schale von 1/2 unbehandelten Zitrone,
125 ml Fleischbrühe, 100 g Sahne

Die ausgenommene, gewaschene Ente trockentupfen, von innen und außen mit Salz und frisch gemahlenem Pfeffer einreiben. Die Backpflaumen in Wasser einweichen. Die Zwiebel und die Äpfel schälen. Die Äpfel entkernen, und alles in Scheiben schneiden. Mit Semmelbröseln und dem Ei mischen. Mit Salz, frisch gemahlenem Pfeffer, Zimt und Zucker abschmecken. Die Zironenschale abreiben und mit den Pflaumen zugeben. Alles gut durchmischen und die Ente damit füllen. Die Öffnung mit einem Holzspieß verschließen. Die Ente auf den Bratrost über die Fettpfanne legen und bei 200 Grad ca. 2 Stunden unter mehrmaligem Wenden braten. 20 Minuten vor Ende der Bratzeit mehrmals mit Fleischbrühe oder Bratenfond begießen. Zwischendurch eventuell Fett aus der Pfanne abschöpfen. Die Sauce aus der Fettpfanne durch ein Sieb in einen Topf gießen, entfetten und mit der Sahne verfeinern. Die Ente tranchieren und heiß mit der Sauce und Thüringer Grünen Klößen (Rezept s. Seite 67), Apfelrotkohl, gefüllten Äpfeln servieren.

WILD UND GEFLÜGEL

Gänsebraten

(für 6 Personen)

1 Bauern-Gans (ca. 2 – 3 kg), Salz,
schwarzer Pfeffer, 2 Beifußzweige, 2 Zwiebeln,
1 Bund Suppengrün, 125 ml Fleischbrühe,
100 g Sahne

Die ausgenommene, gewaschene und getrocknete Gans von innen und außen mit Salz und frisch gemahlenem Pfeffer einreiben. Die Beifußzweige in die Bauchhöhle stecken. Die Zwiebeln schälen und vierteln. Das Suppengrün putzen und waschen. Die Gans auf den Bratrost legen, die Zwiebeln und das Suppengrün mit etwas Wasser in die Fettpfanne darunterlegen. Die Gans bei 200 Grad ca. 2 – 3 Stunden unter mehrmaligem Wenden braten, 20 Minuten vor Ende der Bratzeit mehrmals mit Fleischbrühe oder Bratenfond begießen. Zwischendurch eventuell Fett aus der Pfanne abschöpfen. Die Sauce aus der Fettpfanne durch ein Sieb in einen Topf gießen, entfetten und mit der Sahne verfeinern.

Die Gans tranchieren und heiß mit der Sauce zu Thüringer Grünen Klößen (Rezept s. Seite 67), Apfelrotkohl, gefüllten Äpfeln oder Selleriepüree (Rezept s. Seite 68) servieren.

Tip: Die Gans kann auch gefüllt werden, die Füllung in den Bauchraum stopfen, dann mit Holzstäbchen oder Küchengarn verschließen. Die Garzeit der Gans erhöht sich durch die Füllung um die Hälfte. Gefüllt reicht die Gans für 8 Personen.

Gänsefüllung

Brotfüllung: 200 ml Milch, 3 Scheiben Weißbrot,
1 Bund Petersilie, 1 Zwiebel, 40 g Butter, 2 Eier, Salz,
schwarzer Pfeffer, gemahlene Muskatnuß

Die Milch lauwarm erhitzen. Das Weißbrot in der Milch einweichen. Die Petersilie waschen und fein hacken.

Die Zwiebel schälen und würfeln. Die Butter in der Pfanne erhitzen, die Petersilie und Zwiebelwürfel darin an-

45

WILD UND GEFLÜGEL

dünsten und zu der Brotmasse geben. Die Eier hinzugeben und alles gut vermischen. Mit Salz, frisch gemahlenem Pfeffer und Muskatnuß abschmecken. Die Füllung 10 Minuten ruhen lassen und dann die Gans damit füllen. Die Garzeit erhöht sich bei gefülltem Geflügel um die Hälfte.

Geschnitzelte Broilerbrust mit Rosinenreis

500 g Broilerbrust ohne Knochen, Salz,
weißer Pfeffer, 1 Zwiebel, 3 EL Butter, 1/2 TL Curry,
1/2 TL Paprika edelsüß, 30 g Mehl, 250 g Sahne, 2 EL Weißwein.
Für den Reis: 40 g Rosinen, 2 Tassen Reis, 2 EL Öl, 4 Tassen
Fleischbrühe. Zum Garnieren: 1 Bund Petersilie

Die Broilerbrüste waschen, trockentupfen und in Streifen schneiden. Mit Salz und frisch gemahlenem Pfeffer einreiben. Die Zwiebel schälen und würfeln. Die Butter in einem Topf erhitzen, die Zwiebeln anbraten, die Broilerstreifen darauf geben und 5 Minuten andünsten. Curry und Paprika zugeben, abschmecken. Das Mehl in der Sahne anrühren, zugeben und aufkochen lassen. Mit dem Wein abschmecken und warm stellen. Für den Reis die Rosinen waschen. Das Öl in einen Topf geben und den Reis darin andünsten. Mit der Fleischbrühe aufgießen und die abgetropften Rosinen dazugeben. In 20 Minuten ausquellen lassen. Die Petersilie waschen und fein hacken und über den Reis streuen.

Broiler in Weinsauce

1 Broiler (1,2 kg), Salz, schwarzer Pfeffer,
2 Zwiebeln, 3 Knoblauchzehen, 3 EL Butterschmalz,
4 cl Weinbrand, 350 ml Weißwein, 1 große Dose Tomaten (800 g),
250 g Sahne, 20 g Mehl, 1 TL Zucker

Den Broiler waschen, trockentupfen und portionieren. Die Teile mit Salz und frisch gemahlenem Pfeffer einreiben. Die Zwiebeln und die Knob-

WILD UND GEFLÜGEL

lauchzehen schälen und in Würfel schneiden. Das Butterschmalz in einem Topf zerlassen, und die Geflügelteile rundum anbraten, mit dem Weinbrand ablöschen und flambieren. Zwiebeln und Knoblauch zugeben und 5 Minuten im geschlossenen Topf mitdünsten. Mit dem Wein aufgießen, bei geringer Hitze zugedeckt 30 Minuten schmoren. Die Tomaten abtropfen lassen und 10 Minuten vor Garende etwas zerkleinert zugeben. Die Sahne mit dem Mehl verquirlen und unter die Sauce rühren. Nochmals aufkochen lassen, bis die Sauce eindickt. Mit dem Zucker abschmecken. Den Broiler in der Weinsauce mit Reis servieren.

Broilerleber mit Frühlingszwiebeln

*600 g Broilerleber, 2 Bund Frühlingszwiebeln,
6 EL Öl. Für die Sauce: 125 ml Gemüse- oder Fleischbrühe,
100 g Crème fraîche, 2 EL Speisestärke, 2 EL trockener Sherry,
1 Prise Salz, schwarzer Pfeffer*

Die Leber unter fließendem Wasser kurz abwaschen und trockentupfen. Mit einem scharfen Messer häuten und in Stücke schneiden. Die Frühlingszwiebeln putzen, waschen und in ca. 5 cm lange Stücke teilen. Das Öl in einer Pfanne erhitzen, und die Frühlingszwiebeln unter Rühren 2 Minuten anbraten. Die Leber zugeben und 5 Minuten dünsten. Die Fleischbrühe und die Crème fraîche hinzugeben und aufkochen lassen. Die Speisestärke mit dem Sherry verrühren, dann zur Leber geben, unter Rühren aufkochen lassen, bis die Sauce sämig wird. Mit Salz und frisch gemahlenem Pfeffer abschmecken. Das Gericht in einer Schüssel anrichten und mit Kartoffelbrei servieren.

FISCH

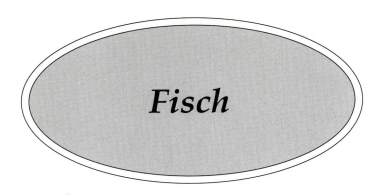

Kabeljau mit Gemüse

*1 kg Kabeljaufilet, 1 Zitrone, Salz.
Für den Gemüsesud: 1 Zwiebel, 2 Stangen Lauch,
2 Karotten, 1/4 Sellerieknolle, 60 g Butter, 1 l Wasser,
250 ml Weißwein, Salz, 2 EL Fischgewürz, 1 Bund Dill,
1 Bund Petersilie, 1/2 Bund Estragon*

Die Filets unter kaltem Wasser abspülen und trockentupfen. Die Zitrone auspressen und den Saft über den Kabeljau träufeln. Die Filets etwas stehen lassen. Für den Sud die Zwiebel schälen und in dünne Scheiben schneiden. Den Lauch putzen, waschen und in Ringe schneiden. Die Karotten und den Sellerie schälen und in feine Streifen schneiden. Die Butter in einem großen Topf erhitzen, und die Zwiebelringe und das Gemüse kurz andünsten. Mit Wasser und Wein aufgießen, dann mit Salz würzen. Das Fischgewürz zugeben und 5 Minuten kochen lassen. Die Filets in den Sud einlegen, aufkochen und bei geöffnetem Deckel 15 – 20 Minuten gar ziehen lassen. Die Kräuter waschen, trockenschütteln und kleinschneiden und 5 Minuten vor Garende zum Fisch geben. Den Kabeljau vorsichtig herausheben.
Das Gemüse auf einer Platte anrichten und die Kabeljaufilets darauf legen. Mit Salzkartoffeln und Salaten servieren.

FISCH

Rotbarsch mit Gurkenpüree

*1 kg Rotbarschfilet, 2 EL Zitronensaft, Salz,
weißer Pfeffer, 1 Ei, 2 EL Milch, 30 g Mehl, 50 g Semmelbrösel.
Zum Braten: 3 EL Butter. Für das Püree: 250 g Salatgurke,
400 ml Wasser, 1 gestr. TL Salz, 250 ml Milch, 1 EL Butter,
1 Packung Kartoffelpüree, 2 EL gehackter Dill, weißer Pfeffer,
1 Prise Muskatnuß, 1/4 Zwiebel, gerieben.
Zum Garnieren: 1 Zitrone, 1/2 Bund Dill,
einige Gurkenscheiben*

Den Fisch waschen und trockentupfen. Mit Zitronensaft, Salz und frisch gemahlenem Pfeffer einreiben. Das Ei mit der Milch verquirlen. Das Mehl mit den Semmelbröseln vermischen. Die Filets erst in Ei, dann in der Panade wenden. Die Butter in einer Pfanne erhitzen, und die Filets von beiden Seiten 8 Minuten goldbraun braten. Die Gurke schälen

FISCH

und der Länge nach halbieren. Die Kerne mit einem Löffel herausschaben. Die Gurke grob raspeln. Das Wasser, Salz und die Gurkenraspeln zum Kochen bringen, dann in eine Schüssel gießen. Die kalte Milch und Butter dazugeben. Die Püreeflocken einstreuen und kurz unterrühren. Nach 1 Minute das Püree mit dem Schneebesen durchrühren und den Dill daruntermischen. Mit frisch gemahlenem Pfeffer, Muskatnuß, Salz und der geriebenen Zwiebel abschmecken. Die Zitrone in Spalten scheiden, den Dill waschen und abtropfen lassen. Den Fisch mit dem Gurkenpüree auf einen Teller legen, mit den Zitronenspalten und dem frischen Dill und einigen Gurkenscheiben garnieren.

Abbildung vorherige Seite

Bachforelle gebraten

4 Forellen (1,2 kg), Salz, schwarzer Peffer, 1 Bund Salbei, 1 EL Mehl, 60 g Butter. Außerdem: 1 Zitrone, 100 g Butter

Die ausgenommenen Forellen gründlich waschen und trockentupfen. Innen und außen mit Salz und frisch gemahlenem Pfeffer einreiben. Den Salbei waschen und jeweils ein paar Zweige in den Bauch der Fische stecken. Das Mehl über die Fische stäuben und die Butter in der Pfanne erhitzen. Die Fische von beiden Seiten je 8 Minuten braten, bis sie schön braun sind. Die Zitrone in Spalten aufschneiden. Die Butter in einem kleinen Pfännchen zerlaufen lassen. Mit Petersilienkartoffeln, Zitronenspalten, flüssiger Butter und Salaten servieren.

AUFLÄUFE UND EINTÖPFE

Aufläufe und Eintöpfe

Sächsischer Kohlklump

(für 8 Personen)

500 g Weißkohl, 500 g Schweinefleisch,
500 g kleine feste Birnen, 1 EL Zucker, 2 EL Essig,
750 g Kartoffeln, 1 Brötchen, 1 EL Butter, 1 EL Mehl,
Salz, schwarzer Pfeffer, 1 Ei

Den Weißkohl putzen, vierteln und den Strunk herausschneiden. Das Fleisch waschen, trockentupfen und in Würfel schneiden. Die Birnen schälen, entkernen und vierteln. Weißkohl und Fleisch 30 Minuten nicht zu weich kochen. Mit Zucker und Essig kräftig abschmecken. Die Kartoffeln schälen, kleinschneiden und die Hälfte im Salzwasser 15 Minuten kochen. Die Birnen zugeben und weitere 10 Minuten kochen. Die Birnen herausfischen und beiseite stellen. Die gekochten und die rohen Kartoffeln in einen Mixer geben und pürieren. Das Weißbrot in Würfel schneiden und in der Butter anrösten. Das Weißbrot zu den Kartoffeln geben, mit Mehl, Salz und frisch gemahlenem Pfeffer abschmecken. Das Ei zugeben und gut durchkneten. Mit einem Eßlöffel Klöße abstechen und in kochendem Salzwasser 10 Minuten gar ziehen lassen. Die Klößchen auf dem Kohl-Fleisch mit Birnen anrichten und heiß servieren.

51

AUFLÄUFE UND EINTÖPFE

Roter Bohneneintopf

250 g rote Bohnen, 1 Zwiebel, 1 l Wasser,
600 g Schweinenacken, 2 Zwiebeln, 2 rote Paprikaschoten,
2 EL Schmalz, 2 EL Mehl, 500 ml Fleischbrühe, 250 ml trockener
Weißwein, 1 Bund Petersilie, Salz, schwarzer Pfeffer

Die Bohnen waschen und mit der geschälten, geviertelten Zwiebel in 1 l Wasser ca. 60 Minuten kochen, dann abgießen und beiseite stellen. Das Fleisch waschen und in feine Streifen schneiden. Die Zwiebeln schälen und in Würfel schneiden. Die Paprikaschoten putzen, waschen, entkernen und in Würfel schneiden. Das Schmalz in einem Topf zerlassen, das Fleisch, die Zwiebeln und Paprikawürfel zugeben und 10 Minuten dünsten lassen. Die Bohnen zugeben, mit Mehl bestäuben, mit Fleischbrühe und Wein aufgießen, nochmals aufkochen lassen. Mit gehackter Petersilie, Salz und Pfeffer abschmecken.

Kürbis-Eintopf

500 g Kartoffeln, 500 g Kürbis,
125 g durchwachsener Speck, 2 Zwiebeln, 2 Stangen Lauch,
500 ml Fleischbrühe, Salz, schwarzer Pfeffer, 1 EL Essig-Essenz,
1 EL Crème fraîche, 1 TL Zucker, 4 Wiener Würstchen

Die Kartoffeln und den Kürbis schälen, beides in kleine Würfel schneiden. Den Speck würfeln, die Zwiebeln schälen und ebenfalls würfeln. Die Speck- und die Zwiebelwürfel in einem Topf glasig dünsten. Den Lauch putzen, in Ringe schneiden, waschen und abtropfen lassen. Einige feine Ringe für die Dekoration zurücklegen. Die Kartoffeln, den Kürbis und den Lauch zu den Zwiebeln geben, mitdünsten. Mit der Fleischbrühe aufgießen und 25 Minuten garen lassen. Eine Schaumkelle voll Gemüse aus der Suppe nehmen und beiseite stellen. Die restliche Suppe pürieren oder durch ein Sieb streichen, dann mit Salz, frisch gemahlenem Pfeffer, Essig-Essenz, Crème fraîche und Zucker süßsauer abschmecken. Die Wiener in Scheiben schneiden. Zum Schluß das zurückbehaltene Gemüse und die Wurstscheiben dazugeben, kurz erwärmen und servieren.

Abbildung rechts

AUFLÄUFE UND EINTÖPFE

Sächsischer Suppentopf mit Grießklößchen

1 kg Suppenfleisch vom Rind, 1 Bund Suppengrün,
1 1/2 l Wasser, Salz, 200 g Karotten, 200 g Kohlrabi, 200 g Brech-
bohnen, 200 g Lauch, 200 g Sellerieknolle, 2 Tomaten.
Außerdem: 4 Eier, 1 Bund Petersilie

Das Fleisch waschen und mit dem geputzten, gewaschenen Suppengrün in das kochende Salzwasser einlegen. 120 – 150 Minuten garen lassen. In der Zwischenzeit die Karotten und Kohlrabi schälen, in Scheiben bzw. in Streifen schneiden. Die Bohnen waschen, putzen und brechen. Den Lauch putzen, waschen und in Ringe schneiden. Den Sellerie schälen und würfeln. 10 Minuten vor Ende der Garzeit das Gemüse zugeben und mitgaren. Die Tomaten kurz in kochendes Wasser tauchen, häuten, vierteln, entkernen, in grobe Stücke schneiden und 5 Minuten vor Ende der Garzeit in den Topf geben. In der Zwischenzeit die Klößchen zubereiten (Rezept s. unten). Die Eier 10 Minuten hart kochen, abschrecken, schälen und kleinhacken. Das Suppenfleisch herausnehmen und in Würfel schneiden. Die Fleischwürfel dann mit den Grießklößchen wieder in die Suppe geben. Die Petersilie waschen, trockenschütteln und kleinschneiden. Die Petersilie mit den gehackten Eiern über die Suppe streuen, heiß in Suppentassen servieren.

Grießklößchen

1 l Milch, Salz, 200 g Grieß, 4 Eier, geriebene
Muskatnuß, 2 l Salzwasser

Die Milch mit dem Salz in einen Topf geben und zum Kochen bringen. Den Grieß unter Rühren einlaufen lassen, den Grieß bei geringer Hitze 20 Minuten quellen, dann abkühlen lassen. Die Eier unterrühren und mit der Muskatnuß abschmecken. Das Salzwasser zum Kochen bringen, mit zwei Teelöffeln kleine Klößchen formen. Die Klöße im leicht kochenden Wasser in etwa 5 Minuten gar ziehen lassen.

54

AUFLÄUFE UND EINTÖPFE

Schusterpfanne

(für 6 Personen)

750 g Schweinefleisch, Salz, schwarzer Pfeffer,
750 g Kartoffeln, 750 g kleine, feste Birnen, 2 EL Butterschmalz,
1 EL Kümmel, 500 ml Fleischbrühe

Das Fleisch waschen, trockentupfen und in Würfel schneiden. Mit Salz und frisch gemahlenem Pfeffer würzen. Die Kartoffeln schälen und in Scheiben schneiden. Die Birnen waschen und die Stiele entfernen. Das Schmalz in eine flache Pfanne mit Deckel geben und erhitzen. Das Fleisch darin anbraten, dann in der Mitte der Pfanne zusammenschieben. Die Kartoffelscheiben und die Birnen rundum legen. Mit dem Kümmel bestreuen und mit der heißen Fleischbrühe aufgießen. Die Pfanne mit einem Deckel verschließen und alles in etwa 90 Minuten weich garen. Mit der Pfanne auf den Tisch bringen und servieren.

Rindfleisch-Eintopf

250 g weiße Bohnen, 750 g Rindfleisch aus
der Hochrippe, 3 EL Pflanzenöl, Salz, schwarzer Pfeffer,
250 g Zwiebeln, 250 g gewürfelter Räucherspeck, 1 EL Majoran,
1 Dose Tomatenmark, 250 ml Rinderfond,
schwarzer Pfeffer. Zum Garnieren:
1 Bund Schnittlauch

Die Bohnen über Nacht in 1 1/2 l Wasser einweichen. Das Fleisch waschen, trockentupfen und in Würfel schneiden. Das Öl im Schnellkochtopf erhitzen, und das Fleisch rundum anbraten. Mit Salz und frisch gemahlenem Pfeffer abschmecken. Die Zwiebeln schälen und in Würfel schneiden, zugeben und glasig dünsten. Den Speck zugeben und mit Majoran bestreuen. Die Bohnen mit dem Einweichwasser, Tomatenmark und dem Fond in den Fleischtopf geben, umrühren und im geschlossenen Topf 30 Minuten kochen. Mit frisch gemahlenem Pfeffer abschmecken. Den Schnittlauch waschen, in Röllchen schneiden und den Eintopf vor dem Servieren damit bestreuen.

AUFLÄUFE UND EINTÖPFE

Kartoffel-Paprika-Topf

*60 g durchwachsener Speck, 2 EL Öl,
150 g Zwiebeln, 500 g grüne Paprikaschoten, Salz,
schwarzer Pfeffer, Paprika edelsüß, 1 Knoblauchzehe,
350 ml Fleischbrühe, 750 ml Wasser, 1 Packung
Kartoffelsuppe, 4 Paar Wiener Würstchen*

Den Speck in Streifen schneiden und im heißen Öl anrösten. Die Zwiebeln schälen und halbieren, dann in Scheiben schneiden und beifügen. Die Paprikaschoten waschen, putzen, halbieren, entkernen, dann in dünne Streifen schneiden und mitdünsten. Mit Salz, frisch gemahlenem Pfeffer und Paprika abschmecken. Die Knoblauchzehe schälen, durch die Presse drücken und ebenfalls zugeben. Mit der Fleischbrühe aufgießen, aufkochen lassen und 15 Minuten bei schwacher Hitze garen. Mit dem Wasser aufgießen, wieder aufkochen und den Topf vom Herd nehmen. Den Inhalt der Packung Kartoffelsuppe einrühren, die Würstchen in Scheiben schneiden und darin erwärmen. Die Suppe mit gerösteten Brotcroûtons heiß servieren. *Abbildung unten*

Feiner sächsischer Eintopf

*20 g getrocknete Spitzmorcheln, 500 g Blumenkohl,
Salz, 1 Prise Zucker, 1 TL Zitronensaft, 250 g junge Karotten,
150 g tiefgekühlte Erbsen, 4 EL Wasser, 30 g Butter, 30 g Krebsbutter
aus der Dose, 30 g Mehl, 400 ml Kalbsfond, Salz, 125 g Sahne.
Zum Garnieren: 1 Handvoll Kerbel*

Die Spitzmorcheln gründlich waschen und in reichlich lauwarmem Wasser einweichen. Den Blumenkohl putzen, in Röschen aufteilen und waschen. Die Röschen in Salzwasser, Zucker und Zitronensaft 15 Minuten garen. Die Karotten schälen und in Scheiben schneiden, die Erbsen auftauen lassen und in 20 g Butter mit dem Wasser 10 Minuten dünsten. Die Krebsbutter schmelzen und das Mehl darin anschwitzen. Mit dem Kalbsfond aufgießen und 15 Minuten leise kochen lassen, mit Salz abschmecken. Die nochmals gewaschenen Morcheln naß in 10 g Butter 5 Minuten leicht dünsten. Dann alle Zutaten mischen und zum Schluß die Sahne unterziehen. Den Kerbel waschen, hakken und darüber streuen.

Abbildung oben

AUFLÄUFE UND EINTÖPFE

Gratinierter Kohlrabi

1 kg Kohlrabi, 500 ml Fleischbrühe.
Für die Sauce: 2 EL Butter, 2 EL Mehl, 250 g saure Sahne,
2 Eigelb, Salz, weißer Pfeffer, 1 Prise Zucker, geriebene Muskatnuß
Außerdem: 150 g gekochter Schinken, 1 EL Butter.
Zum Garnieren: 1 Bund Petersilie

Die Kohlrabi schälen und in Scheiben schneiden. Die Fleischbrühe in einen Topf geben und zum Kochen bringen, die Kohlrabischeiben 15 Minuten garen, herausheben und abtropfen lassen. Die Butter in einem Topf erhitzen, das Mehl hineingeben und eine helle Mehlschwitze rühren, mit einem Teil der Kohlrabibrühe aufgießen, einmal aufkochen lassen, so daß eine sämige Sauce entsteht. Die saure Sahne mit den Eigelben verrühren und unter die Sauce geben. Die Sauce kurz erhitzen, aber nicht kochen lassen. Mit Salz, frisch gemahlenem Pfeffer, Zucker und Muskatnuß abschmecken. Den Schinken in Streifen schneiden. Eine feuerfeste Auflaufform mit Butter einfetten und die Kohlrabischeiben einlegen. Die Ei-Rahmsauce über die Kohlrabi gießen und die Schinkenstreifen darüber streuen. Im vorgeheizten Backofen bei 220 Grad ca. 20 Minuten gratinieren. Die Petersilie waschen, fein schneiden und das Kohlrabi-Gratin vor dem Servieren damit bestreuen.

Dicker Bohneneintopf

(für 6 Personen)

250 g weiße dicke Bohnen, 1 Zwiebel,
2 l Wasser, 2 Zwiebeln, 1 Knoblauchzehe, 500 g Karotten,
500 g Kartoffeln, 500 g Äpfel, 2 EL Schmalz, 600 g mild geräucherter
durchwachsener Speck, 500 ml Fleischbrühe, 500 ml Weißwein,
schwarzer Pfeffer, Zucker, 2 EL Kräuteressig
Zum Garnieren: 1 Bund Petersilie

Die Bohnen waschen, mit der geschälten und geviertelten Zwiebel in 2 l Wasser ca. 60 Minuten kochen, dann abgießen und beiseite stellen. Die Zwiebeln und den Knoblauch schälen und würfeln. Die Karotten

AUFLÄUFE UND EINTÖPFE

und die Kartoffeln schälen, würfeln. Die Äpfel schälen und in Stücke schneiden. Das Schmalz in einem Topf zerlassen, die Zwiebeln und den Knoblauch dazugeben, andünsten, den Speck zugeben und zugedeckt im eigenen Saft 10 Minuten kochen lassen. Das Gemüse zu den Bohnen geben, ebenso die gedünsteten Zwiebeln und den Knoblauch. Dann mit Fleischbrühe und

Wein aufgießen. Den Speck obenauf legen, nochmals 15 Minuten garen. Den Speck in Scheiben schneiden, das Gemüse mit frisch gemahlenem Pfeffer, Zucker und Essig abschmecken. Die Petersilie waschen und kleinhacken.

Das Gemüse in eine Schüssel geben, die Speckscheiben obenauf legen und mit der Petersilie bestreut heiß servieren.

Dresdner Suppentopf

(für 8 Personen)

*Je 200 g Rind-, Schweine-, Lamm- und Kalbfleisch aus
der Schulter, je 200 g Zwiebeln, Karotten, Sellerieknolle, Kartoffeln,
Lauch und Wirsing, 1 Zweig Liebstöckel, 3 EL Pflanzenöl oder Butter,
Salz, schwarzer Pfeffer, 1 Prise Muskatnuß, 1/2 TL Kümmel,
1/2 TL gerebelter Majoran, 500 ml Fleischbrühe
Zum Garnieren: 1 Bund Petersilie*

Das Fleisch waschen, trockentupfen und in Würfel schneiden. Die Zwiebeln schälen und klein würfeln. Die Karotten, Sellerie und Kartoffeln schälen und in Würfel bzw. in Scheiben schneiden. Den Lauch putzen, waschen und in Ringe schneiden. Den Wirsing putzen, waschen, den Strunk entfernen und in Streifen schneiden. Den Liebstöckel waschen und kleinhacken. Das Öl in einem Topf erhitzen, das Fleisch und die Zwiebeln darin anbraten. Herausnehmen und mit dem Gemü-

se lagenweise wieder einschichten. Dazwischen immer wieder mit Salz, frisch gemahlenem Pfeffer, Muskatnuß, Kümmel, Majoran und Liebstöckel würzen. Zum Schluß mit der Fleischbrühe aufgießen. Im geschlossenen Topf bei schwacher Hitze 90 Minuten kochen lassen. Die Petersilie waschen, kleinhacken und über den in eine Terrine gefüllten Eintopf streuen.

Zu diesem Suppentopf serviert man Bauern- oder Vollkornbrot und ein kühles Bier.

AUFLÄUFE UND EINTÖPFE

Leipziger Allerlei

16 getrocknete Morcheln, 250 g junge grüne Bohnen, 250 g junge grüne Erbsen, 250 g feine junge Karotten, 250 g Spargel, 1 kleiner Blumenkohl, Salz, weißer Pfeffer, 1/2 EL Zucker, 1 Prise Muskatnuß, 24 Stück Krebse oder Scampis Für die Sauce: 50 g Butter, 40 g Mehl, 1 Eigelb, 4 EL Sahne, Salz, weißer Pfeffer, 500 g Kochmettwurst. Außerdem: 1 EL Butter Zum Garnieren: 1/2 Bund Petersilie

Die Morcheln in Wasser einweichen und anschließend gut waschen. Das Gemüse putzen, waschen und jeweils gesondert in kleinen Töpfen in wenig Wasser mit Salz, frisch gemahlenem Pfeffer, Zucker und Muskat 15 – 20 Minuten gar ziehen lassen, den Blumenkohl ganz kochen. Die Krebse in Salzwasser 5 Minuten langsam kochen lassen und dann ausbrechen. Die Butter mit dem Mehl in einem Topf erhitzen und eine Mehlschwitze rühren. Mit den Gemüsebrühen aufgießen, bis eine cremige Sauce entstanden ist. Das Eigelb mit der Sahne verquirlen und mit einem Schneebesen in die nicht mehr kochende Sauce rühren. Mit Salz und frisch gemahlenem Pfeffer abschmecken. Die Mettwurst häuten, in fingerdicke Scheiben schneiden und in einer Pfanne anbräunen. Die abgetropften Morcheln in Butter anschwitzen. Den Blumenkohl in der Mitte eines Tellers anrichten, ringsherum die anderen Gemüsesorten, Krebse und Mettwurstscheiben anordnen. Die Morcheln ebenfalls dazulegen. Mit der heißen Sauce bedecken und mit der gewaschenen, gehackten Petersilie garnieren. Als Beilage eignen sich Schwenkkartoffeln oder Karoffelbrei.

Abbildung rechts

AUFLÄUFE UND EINTÖPFE

Grünkernklöße süßsauer

250 g Grünkernschrot, 20 g Butter,
1 TL Salz, 1 Zwiebel, 1 Knoblauchzehe, 1 Bund Petersilie,
2 Eier, 2 Vollkornzwieback, 1/2 rote Paprikaschote, 30 g Butter,
30 g Mehl, 125 ml Wasser, 250 ml Fleischbrühe,
125 g Sahne, 30 g Kapern, 8 grüne Pfefferkörner,
2 – 3 TL Essig-Essenz 25%, Zucker

Den Grünkernschrot mit Butter und Salz in 750 ml kochendes Wasser geben, aufkochen und ca. 30 Minuten bei geringer Hitze quellen lassen. Die Zwiebel und die Knoblauchzehe schälen und klein würfeln. Die Petersilie waschen und hacken. Den Schrot gut ausdrücken und mit Zwiebeln, Knoblauch, Petersilie und Eiern vermischen. Die Zwiebäcke reiben, die Paprikaschote waschen, entkernen, in Würfel schneiden. Beides zugeben und den Teig durcharbeiten. Mit angefeuchteten Händen 16 Klöße formen und im kochenden Salzwasser bei geringer Hitze 10 Minuten ziehen lassen. In der Zwischenzeit die Butter in einem Topf erhitzen, das Mehl zugeben und eine helle Mehlschwitze zubereiten. Mit Wasser, Fleischbrühe und Sahne aufgießen, aufkochen lassen. Die Kapern und die Pfefferkörner einrühren. Mit der Essig-Essenz und dem Zucker süßsauer abschmecken.

Die Grünkernklöße auf buntem Paprikagemüse (Rezept s. unten) servieren. Die Sauce getrennt dazu reichen.

Buntes Paprikagemüse

500 g gelbe, grüne und rote Paprikaschoten,
1 Zwiebel, 40 g Butter, 5 EL Fleischbrühe, Salz,
schwarzer Pfeffer

Die Paprikaschoten putzen, halbieren, Kerne entfernen und waschen. Abtropfen lassen und in Streifen schneiden. Die Zwiebel schälen und würfeln. Die Butter in einem Topf zerlassen und die Paprikastreifen und Zwiebelwürfel darin 5 Minuten andünsten. Die Fleischbrühe zugeben

AUFLÄUFE UND EINTÖPFE

und mit Salz und frisch gemahlenem Pfeffer abschmecken, nun nochmals 10 Minuten garen. Das Paprikagemüse auf einer Platte verteilen, die Grünkernklöße darauf setzen und die Sauce separat dazu reichen. Das Paprikagemüse paßt auch zu Fleisch-, Geflügel- und Fischgerichten.

Grünkohl mit Mettwurst

(für 6 Personen)

*1,5 kg Grünkohl, 300 g durchwachsener Speck,
2 kleine Zwiebeln, 1 EL Butterschmalz, 250 ml Fleischbrühe,
2 EL Mehl, Salz, schwarzer Pfeffer, 1 TL Zucker,
1 Ring Mettwurst*

Die Grünkohlblätter von den Rippen streifen, in Streifen schneiden, waschen und abtropfen lassen. Den Speck in kleine Würfel zerteilen. Die Zwiebeln schälen und ebenfalls würfeln. Den Speck mit den Zwiebeln und dem Butterschmalz in einen Topf geben, und die Zwiebeln darin glasig dünsten. Den Kohl zugeben und unter Rühren anbraten. Das Mehl mit etwas von der Fleischbrühe anrühren und in den Topf geben. Mit der restlichen Fleischbrühe aufgießen und 15 Minuten kochen lassen. Mit Salz, frisch gemahlenem Pfeffer und Zucker abschmecken. Die Wurst dazugeben, nochmals erhitzen und alles noch weitere 20 Minuten garen lassen.
Den Grünkohl mit der Wurst auf einer Platte mit kleinen Pellkartöffelchen servieren.

AUFLÄUFE UND EINTÖPFE

Linsentopf
nach Ratsherren-Art

(für 8 Personen)

500 g Linsen, 2 l Wasser, 2 Zwiebeln, 1,5 kg Hammel-,
oder Lammfleisch, 1 EL Schmalz, 2 l Fleischbrühe, 1 Speckschwarte,
1 Stange Lauch, 1 kleine Sellerieknolle, 200 g Kartoffeln, 4 Karotten,
1 Lorbeerblatt, 1/2 Bund Majoran, 1 TL Salz,
schwarzer Pfeffer, 2 EL Kräuteressig

Die Linsen am Vorabend in Wasser einweichen. Die Zwiebeln schälen und in Würfel schneiden. Das Fleisch waschen, trockentupfen und in Stücke zerteilen. Das Schmalz in einem Topf zerlassen, die Zwiebel- und Fleischwürfel zugeben und andünsten. Mit der Fleischbrühe aufgießen, die Speckschwarte und die Linsen zugeben, aufkochen lassen.

Den Lauch putzen, waschen und in Ringe schneiden. Den Sellerie, die Kartoffeln und Karotten schälen, dann in Streifen schneiden. Das Gemüse mit Lorbeerblatt, Majoran und Salz zur Fleischbrühe geben, dann bei schwacher Hitze 90 Minuten garen. Mit frisch gemahlenem Pfeffer und dem Kräuteressig abschmecken.

Thüringer
Kindstaufschüssel

(für 6 Personen)

1,5 kg Kalbsnacken, 30 g Butterschmalz,
2 l Wasser, 2 Rindermarkknochen, 1 Bund Suppengrün,
2 Lorbeerblätter, 1 TL weiße Pfefferkörner, Salz, 60 g Butter,
50 g Mehl, 100 g Rosinen, 50 g Kapern, Zitronensaft und Schale von
1 unbehandelten Zitrone, 4 cl Wacholderschnaps, 125 g Sahne

Das Kalbfleisch in grobe Würfel schneiden und rundum im heißen Butterschmalz goldbraun anbraten.

Mit dem Wasser aufgießen und die Markknochen, das geputzte, grob geschnittene Suppengrün und die

Gewürze bei milder Hitze mit geschlossenem Deckel ca. 2 Stunden garen. Zwischendurch einmal abschäumen. Die letzten 30 Minuten ohne Deckel kochen. Die Fleischbrühe durch ein Sieb abgießen und auffangen. Die Butter zerlaufen lassen und das Mehl darin anschwitzen. Mit 1 l Fleischbrühe aufgießen und sehr kräftig durchrühren. Die Rosinen zugeben und 15 Minuten bei milder Hitze kochen lassen. Die Fleischstücke und die Kapern in der Sauce erhitzen. Mit Zitronensaft und -schale würzen. Den Wacholder mit der Sahne verrühren, halbsteif schlagen und kurz vor dem Servieren unterziehen.
Dazu Petersilienkartoffeln oder Reis servieren. *Abbildung oben*

BEILAGEN

Kartoffelplätzchen

*500 g gekochte Kartoffeln, 1 Ei, Salz, 80 g Mehl.
Zum Braten: Butterschmalz*

Die gekochten Kartoffeln kalt reiben oder warm durch die Presse drücken. Das Ei, Salz und Mehl zugeben, gut verkneten. Mit leicht bemehlten Händen kleine Kugeln formen und flachdrücken. Die Butter in einer Pfanne erhitzen, und die Kartoffelpätzchen darin braun anbraten. Sie schmecken zu Sauerkohl, Fleisch- und Wildgerichten mit Saucen.

Süßsaure Schwarzwurzeln

*1 kg frische Schwarzwurzeln, 1 l Wasser,
Salz, 3 EL Essig-Essenz 25%, 40 g Butter, 2 EL Mehl,
125 g Sahne, 1 TL Zucker*

Die Schwarzwurzeln gut waschen, dünn schälen und in mundgerechte Stücke schneiden. Das Wasser mit Salz und Essig-Essenz zum Kochen

BEILAGEN

bringen und die Schwarzwurzeln 20 – 25 Minuten garen. Das Gemüse abgießen und den Sud auffangen. Aus Butter und Mehl eine helle Schwitze bereiten. Mit dem Sud und der Sahne aufgießen, dann aufkochen lassen. Mit Zucker süßsauer abschmecken, und die Schwarzwurzeln in der Sauce heiß werden lassen.

Thüringer Grüne Klöße

2 kg Kartoffeln, Wasser, 100 ml Milch, Salz, 2 Brötchen, 3 EL Butter

Die Kartoffeln schälen, 1 1/2 kg davon in eine Schüssel mit Wasser reiben. Am nächsten Tag das Wasser abgießen und so oft erneuern, bis es klar bleibt. Die Kartoffelmasse in ein Leintuch geben und gut auswringen oder schleudern, bis die Masse trocken ist. Die restlichen Kartoffeln schälen, würfeln und in Salzwasser gar kochen. Abgießen und mit der heißen Milch zu Kartoffelbrei stampfen. Sofort unter die geriebene Kartoffelmasse rühren und mit Salz abschmecken. Die Brötchen in Würfel schneiden und in der Butter anrösten. Salzwasser in einem großen Topf aufsetzen und zum Kochen bringen. Die Klöße mit feuchten Händen tennisballgroß formen, die Brotwürfel in die Mitte geben und in das kochende Wasser einlegen, 20 Minuten ziehen lassen.

Kartoffelsalat

750 g speckige Salatkartoffeln, 1 Zwiebel, 1 säuerlicher Apfel, 1 Gewürzgurke, 125 ml Fleischbrühe, 1 Becher Sahne-Dickmilch (175 g), 4 EL Kräuteressig, 6 EL Öl, Salz, Pfeffer, 1 Prise Zucker, 1 TL Senf, 1 Bund Schnittlauch

Die gekochten Kartoffeln schälen und in Scheiben schneiden. Die Zwiebel schälen und würfeln. Den Apfel ungeschält entkernen und in

67

BEILAGEN

Würfel schneiden, ebenso die Gewürzgurke. Zwiebel-, Apfel- und
Gurkenwürfel zu den Kartoffelscheiben geben. Die Fleischbrühe erhitzen und über die Kartoffeln gießen.
Den Salat erkalten lassen. Aus
Dickmilch, Essig, Öl, Salz, frisch gemahlenem Pfeffer, Zucker und Senf
eine Marinade rühren und über den
Salat gießen, durchmischen. Den
Schnittlauch waschen und in Röllchen schneiden, dazugeben, gut
durchmischen und den Salat ziehen
lassen. Der Kartoffelsalat schmeckt
besonders gut zu kurz gebratenem
Fleisch, Würstchen und Gegrilltem.

Selleriepüree

1 kg Sellerie, Salz, weißer Pfeffer,
1/2 EL Zitronensaft, 1 TL Zucker, 200 g Sahne

Den Sellerie gründlich waschen. Im
Schnellkochtopf Salzwasser erhitzen
und ca. 12 – 15 Minuten garen. Garzeit im Kochtopf etwa 1 Stunde. Den
Sellerie abschrecken, schälen und
im Mixer pürieren. Mit Salz, frisch
gemahlenem Pfeffer und Zucker abschmecken. Die Sahne steif schlagen und unter das Selleriepüree heben. Zu Geflügel und Wild servieren.

Fleischklößchen

Für die Fleischklößchen: 350 g gemischtes Hackfleisch,
1 Ei, 2 EL Semmelbrösel, 1 Bund Petersilie, 1 Bund Schnittlauch,
1 Bund Dill, 1 Bund Estragon, 1 TL Senf, Salz, schwarzer Pfeffer
Außerdem: 1 1/2 l Fleischbrühe

Für die Fleischklößchen das Fleisch
in eine Schüssel geben, mit Ei, Semmelbrösel, fein gehackten Kräutern,
Senf, Salz und frisch gemahlenem
Pfeffer mischen, einen Hackteig
herstellen. Kleine Klößchen formen
und in leicht gesalzenem Wasser
8 Minuten gar ziehen lassen.
Oder als Suppeneinlage die Fleischbrühe zum Kochen bringen, die
Klößchen zugeben und heiß in Suppentassen servieren.

Spargel süßsauer

*1 kg Spargel, 1 1/2 l Wasser, 1 TL Salz,
1 EL Zitronensaft, 1 EL Zucker, 1 EL Butter.
Für die Sauce: 40 g Butter, 40 g Mehl, 1/2 l Spargelsud,
1/2 TL Zucker, Salz, 1 EL Essig-Essenz 25%,
1 Eigelb, 125 g Sahne*

Den geschälten Spargel in Salzwasser mit Zitronensaft, Zucker und Butter 30 Minuten gar kochen. Herausnehmen und den Spargel warm stellen. Den Sud für die Sauce beiseite stellen.

Für die Sauce aus Butter und Mehl eine Schwitze rühren. Mit einem Teil vom Spargelsud aufgießen und unter Rühren 5 Minuten kochen lassen. Mit Zucker, Salz und Essig-Essenz süßsauer abschmecken. Das Eigelb mit der Sahne verquirlen und unter die nicht mehr kochende Sauce rühren.

Die Sauce über den warmen Spargel gießen. Nach Belieben den Spargel mit Fleischklößchen (Rezept s. Seite 68) und Petersilienkartoffeln servieren. *Abbildung oben*

BEILAGEN

Vogtländer Klöße "Griegeniffte"

1 1/2 – 2 kg Kartoffeln, ca. 500 ml Wasser,
125 ml Milch, 1 Ei, Salz

Die Hälfte der Kartoffeln schälen und reiben. Die Masse in eine Schüssel geben und glattstreichen. Mit dem kalten Wasser übergießen und zugedeckt einen Tag stehen lassen. Die andere Kartoffelhälfte kochen, schälen und beiseite stellen. Für die geriebenen Kartoffeln ein Tuch locker über einen Topf spannen und die geriebene Kartoffelmasse darauf gießen. Am Topfboden setzt sich dabei die Kartoffelstärke ab, die man später der Kartoffelmasse wieder zufügt. Die gekochten Kartoffeln durch eine Presse drücken und mit den geriebenen mischen. Die Milch erhitzen, das Ei einrühren, zur Kartoffelmasse geben, durchmischen und mit Salz abschmecken. Salzwasser in einem großen Topf aufsetzen und zum Kochen bringen. Die Klöße mit feuchten Händen formen, in das kochende Wasser einlegen und 20 Minuten ziehen lassen.

Seidene "Watteklöße"

1 kg gekochte Kartoffeln, 2 Eier, 125 g Speisestärke,
Salz, 1 Prise Muskatnuß, 1 Weißbrotscheibe, 2 EL Butter

Die geschälten, geriebenen Kartoffeln mit den Eiern, Speisestärke, Salz und der geriebenen Muskatnuß vermischen. Die Weißbrotscheibe in Würfel schneiden. Die Butter in einer Pfanne erhitzen, und die Brotwürfel darin anrösten. Mit feuchten Händen Klöße formen, und in die Mitte eines jeden Kloßes ein paar Brotwürfel geben. Einen großen Topf mit Salzwasser zum Kochen bringen, und die Klöße vorsichtig einlegen, aufkochen und bei schwacher Hitze 20 Minuten ziehen lassen.

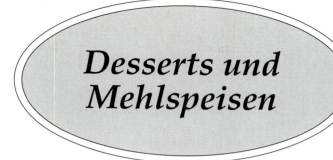

Desserts und Mehlspeisen

Pflaumenbrei

*1 kg Pflaumen, 200 g Zucker,
6 Nelken, 1/2 Stange Zimt*

Die Pflaumen waschen, entstielen, entkernen und mit den Zutaten in einen Topf geben, aufkochen. Unter Rühren 5 Minuten ohne Flüssigkeitszugabe kochen lassen. Der Brei soll saftig, die Pflaumen aber nicht verkocht sein. Die Gewürze herausnehmen und erkalten lassen.

Apfelcharlotte

*5 altbackene Brötchen, 400 ml Milch, 1 Prise Salz,
2 EL Zucker, 2 Eier, 500 g Äpfel, 1 EL Zitronensaft, 2 EL Butter,
50 g Rosinen, 50 g gehackte Mandeln, Zimt, 100 g saure Sahne,
100 g Quark*

Die Brötchen in dünne Scheiben schneiden. Die Milch mit Salz, Zucker und den Eiern verrühren, ein Drittel zurückbehalten, den Rest über die Brötchen gießen und ziehen lassen. Die Äpfel schälen, vier-

DESSERTS UND MEHLSPEISEN

teln, das Kerngehäuse entfernen und in Stücke schneiden, mit dem Zitronensaft beträufeln. Eine feuerfeste, runde Auflaufform mit der Butter einfetten, die eingeweichten Brötchen abwechselnd mit den Äpfeln, Rosinen und Mandeln in die Form schichten, auf jede Lage etwas Zimt streuen. Mit den Brötchen als oberste Schicht abschließen.

Die saure Sahne mit dem Quark und der restlichen Eiermilch verrühren, dann über die Charlotte gießen. Die Butter in Flöckchen darauf setzen und im vorgeheizten Backofen bei 200°C ca. 30 Minuten backen. Mit Weinschaum- (Rezept s. Seite 80), Vanillesauce (Rezept s. Seite 78) oder Pflaumenbrei (Rezept s. Seite 71) servieren.

Sächsischer Pudding

Für den Teig: 500 ml Milch, 50 g Butter, 4 EL Zucker, Salz, 200 g Mehl, 4 Eigelb, 1 unbehandelte Zitrone, 4 Eiweiß.
Für die Form: 1 EL Butter, 2 EL Grieß

Für den Teig die Milch mit Butter, Zucker und Salz in einer Stielkasserolle unter Rühren aufkochen lassen. Das gesiebte Mehl zufügen, so lange rühren, bis sich der Teig vom Boden löst und der Topfboden weiß wird. Den Teigklumpen in einer Rührschüssel kurz abkühlen lassen, so daß er nur noch warm ist. Dann nacheinander von Hand oder mit der Küchenmaschine die Eigelbe einzeln unterarbeiten. Die Zitronenschale abreiben und zugeben. Die Zitrone halbieren, auspressen und den Saft zufügen. Nur so lange rühren, bis der Brandteig schwer vom Kochlöffel reißt und lange Spit-

zen bildet. Die Eiweiße zu steifem Schnee schlagen und unterheben. Eine Puddingform einfetten und mit Grieß ausstreuen. Mit der Masse 3/4 auffüllen und mit dem Deckel verschließen. In die Bratenpfanne vom Backofen 2 cm Wasser einfüllen und den Backofen auf 220 Grad vorheizen, die Form hineingeben, den Ofen auf 180 Grad zurückschalten und den Pudding 45 Minuten garen. Dann den Deckel abnehmen und anschließend nochmals kurz überbacken. Den Pudding abkühlen lassen und auf eine runde Platte stürzen. Mit Vanillesauce (Rezept s. Seite 78) servieren.

DESSERTS UND MEHLSPEISEN

Apfel-Quark-Dessert

*500 g Äpfel, 250 ml Wasser, 80 g Zucker, 1 Beutel Citro-back,
1 Prise Zimt, 125 g Sahne, 1 Päckchen Vanillinzucker,
250 g Quark, 1 Flasche Schokoladensauce*

Die Äpfel schälen, vierteln, entkernen und in Scheiben schneiden. Das Wasser mit Zucker und Citro-back mischen. Die Apfelscheiben dazugeben und zugedeckt etwa 8 – 10 Minuten dünsten. Apfelscheiben aus dem Sud nehmen, mit Zimt bestäuben und abkühlen lassen. Die Sahne mit dem Vanillinzucker steif schlagen und unter den Quark ziehen. Die Apfelscheiben vorsichtig unterheben, und den Apfelquark in Dessertschalen füllen. Mit Schokoladensauce übergießen. *Abbildung unten*

DESSERTS UND MEHLSPEISEN

Sächsischer Auflauf

Für den Teig: 500 ml Milch, 50 g Butter, 100 g Zucker,
Salz, 250 g Mehl, 5 Eigelb, 1 unbehandelte Zitrone, 150 g Rosinen,
2 EL Rum, 150 g gehackte Mandeln, 4 Eiweiß. Für die Form:
1 EL Butter. Zum Bestreuen: 50 g Puderzucker

Für den Teig die Milch mit Butter, Zucker und Salz in einer Stielkasserolle unter Rühren aufkochen lassen. Das gesiebte Mehl zufügen, so lange rühren, bis sich der Teig vom Boden löst und der Topfboden weiß wird. Den Teigklumpen in einer Rührschüssel kurz abkühlen lassen, so daß er nur noch warm ist. Dann nacheinander von Hand oder mit der Küchenmaschine die Eigelbe einzeln unterarbeiten. Die Zitronenschale abreiben und zugeben. Die Zitrone halbieren, auspressen und den Saft hinzufügen. Nur so lange rühren, bis der Brandteig schwer vom Kochlöffel reißt und lange Spitzen bildet. Die Rosinen, Rum und Mandeln zufügen. Die Eiweiße zu steifem Schnee schlagen und unterheben. Eine Auflaufform einfetten und die Masse einfüllen. Im auf 200 Grad vorgeheizten Backofen 30 – 40 Minuten backen. Den Auflauf mit Puderzucker bestreuen und sofort servieren.

Hefeplinsen

Für den Hefeteig: 250 g Mehl, 20 g Hefe,
250 ml lauwarme Milch, 1 Prise Salz, 50 g Zucker, 50 g Butter,
1 Ei, abgeriebene Schale von 1/2 unbehandelten Zitrone,
60 g Korinthen. Zum Ausbacken: 100 g Butterschmalz
Zum Bestreuen: 3 EL Zucker, 1 EL Zimt

Das Mehl in eine Schüssel sieben und in die Mitte eine Mulde drücken. Die Hefe mit etwas Zucker hineinbröckeln und mit etwas von der lauwarmen Milch anrühren, einen Vorteig herstellen. Ein Tuch über die Schüssel legen und den Teig 20 Minuten warm stellen. Danach die restliche Milch, Salz, Zucker, Butter, Ei, Zitronenschale und die gewaschenen Korinthen zugeben. Mit einem kräftigen Kochlöffel oder der Küchenmaschine einen glatten, dickflüssigen Teig herstellen. Butter-

74

DESSERTS UND MEHLSPEISEN

schmalz in einer Pfanne erhitzen und löffelweise den Teig hineingeben. Zu kleinen Kuchen auseinanderstreichen und diese auf beiden Seiten goldgelb ausbacken. Den Zucker mit dem Zimt mischen, und die Plinsen vor dem Servieren damit bestreuen.

Sauercreme mit Erdbeeren

6 Blatt rote Gelatine, 500 g saure Sahne,
2 EL Zucker, 1 Päckchen Vanillinzucker, Saft und
Schale von 1 unbehandelten Zitrone, 2 cl Rum, 250 g Erdbeeren
Zum Garnieren: 200 g Sahne,
1 Päckchen Vanillinzucker

Die Gelatine in kaltem Wasser einweichen. Die saure Sahne mit Zucker, Vanillinzucker, Saft und Schale der Zitrone und dem Rum gut verrühren. Die Erdbeeren waschen, entstielen, abtropfen lassen und unter die Masse heben. Die Gelatine ausdrücken und mit etwas Wasser in einem Topf auflösen, dann unter die saure Sahnemasse rühren. In eine hübsche Schüssel oder in vier Schalen füllen und über Nacht kalt stellen. Die Sahne mit dem Vanillinzucker sehr steif schlagen. Danach die Sahne in einen Spritzbeutel mit Sterntülle füllen und kurz vor dem Servieren dicke Rosetten auf die Creme spritzen.

Waldbeerenbecher

Je 1 EL Himbeeren, Brombeeren, Heidelbeeren,
je 4 Kugel Eis: Creme Vanilla, Creme Kirsche, Maple Walnuts,
8 EL fertige Waldbeerensauce. Zum Garnieren: 200 g Sahne,
1 Päckchen Vanillinzucker

Die Früchte putzen, waschen und abtropfen lassen. 4 Heidelbeeren beiseite legen. Je 1 Kugel von jeder Sorte Eis in ein Glas geben. Die gewaschenen und abgetropften Waldfrüchte dann gleichmäßig auf die

DESSERTS UND MEHLSPEISEN

Gläser verteilen. Die Sahne mit dem Vanillinzucker steif schlagen und in einen Spritzbeutel füllen. Auf jedes Eisglas einen dicken Sahne-Tuff setzen. Den Tuff mit den restlichen Blaubeeren krönen. Zum Schluß die Waldbeerensauce nach Belieben hinzufügen.

Quarkkeulchen "Klitscher"

800 g gekochte, mehlige Kartoffeln, 25 g Mehl,
1/2 TL Backpulver, 2 Eier, 1 Prise Salz, 2 EL Zucker,
Schale einer unbehandelten Zitrone, 300 g Quark.
Zum Braten: Butterschmalz

Die gekochten Kartoffeln durch die Presse drücken. Das Mehl mit Backpulver mischen, mit den Eiern, Salz, Zucker und Zitronenschale zu den Kartoffeln geben. Den Quark zugeben, und alles gut durcharbeiten. 20 Minuten ruhen lassen, dann kleine Klöße abstechen und mit bemehlten Händen zu länglichen Keulchen formen. Das Butterschmalz in einer Pfanne erhitzen und die Quarkkeulchen von beiden Seiten goldgelb braten. Mit Birnenkompott oder Apfelmus servieren.

Holunderkompott

500 g Holunderbeeren, 250 g Pflaumen,
250 g Birnen, 75 ml Wasser, 75 g Zucker, 1 TL Zimt,
1/2 TL gemahlene Nelken, 75 g Semmelbrösel

Die Holunderbeeren entstielen, die Pflaumen waschen und entsteinen. Die Birnen schälen, vierteln und das Kerngehäuse entfernen. Die Früchte mit wenig Wasser und dem Zucker aufkochen. Die Gewürze zugeben und die Semmelbrösel zum Binden unterrühren. Aufkochen lassen und bei geringer Hitze musig kochen. Als Beilage zu Mehlspeisen oder mit einem Eßlöffel saurer Sahne als Dessert servieren.

76

Eierkuchen

*Für den Teig: 100 g Mehl, 40 g Puderzucker,
2 Eigelb, 1 Ei, 1 Prise Salz, 125 ml Milch, 100 g Sahne,
6 EL Mineralwasser, 75 g Zartbitter-Kuvertüre, 6 EL Sahne
Zum Ausbacken: 40 g Butter, 4 cl Bitter oder Orangenlikör,
1 Prise Zimt, 1 Prise gemahlene Nelke
Zum Bestreuen: 2 EL Puderzucker*

Das Mehl und den Puderzucker in eine Schüssel sieben. Die Eigelbe, Ei, Salz, Milch, Sahne und Mineralwasser zufügen, dann alles zu einem glatten Teig verarbeiten. Den Teig zugedeckt 1 Stunde ruhen lassen. Die Kuvertüre in Stücke brechen und mit der Sahne zusammen in einem Topf im Waserbad schmelzen lassen, hin und wieder umrühren. In einer kleinen Pfanne von ca. 15 cm Durchmesser in nur wenig Butter nach und nach 12 hauchdünne Eierkuchen backen. Zu Vierteln zusammenlegen und warm halten, bis alle fertig sind. Den Bitter oder Likör in die Sauce rühren und mit Zimt und Nelkenpulver abschmecken. Jeweils drei Eierkuchen auf einen Dessertteller legen, mit Puderzucker bestreuen und Sauce dazugeben. *Abbildung oben*

DESSERTS UND MEHLSPEISEN

Gebackene Apfelringe

4 große Äpfel, 1 EL Puderzucker, 2 EL Zitronensaft.
Für den Teig: 100 g Mehl, 1 EL Öl, 1 Prise Salz, 1 EL Speisestärke,
1 Eigelb, 30 g Zucker, 200 ml Milch, 1 Eiweiß.
Zum Ausbacken: Pflanzenfett

Mit dem Apfelausstecher die Kerngehäuse entfernen, die Äpfel schälen und in 1 cm dicke Scheiben schneiden. Mit dem Puderzucker bestäuben und mit dem Zitronensaft beträufeln. Für den Ausbackteig Mehl, Öl, Salz, Speisestärke, Eigelb, Zucker und Milch zu einem dickflüssigen Teig verrühren. Das Eiweiß steif schlagen und unter die Teigmasse heben. Der Teig sollte 10 Minuten ruhen. Das Fett in einem Topf oder einer Friteuse erhitzen, die Apfelringe durch den Teig ziehen und im heißen Fett bei ca. 180 Grad goldgelb ausbacken, dann warm stellen. Sehr gut schmeckt eine Vanillesauce zu den warmen Apfelkücherln, die man noch mit einer Zucker-Zimt-Mischung bestreut.

Vanillesauce

125 g Puderzucker, 3 Eigelb,
1 Vanilleschote, 250 g Sahne

Den Puderzucker mit den Eigelben so lange schlagen, bis die Masse dick vom Löffel läuft. Die Vanilleschote der Länge nach aufschneiden und das Mark herausstreifen. Die Sahne mit dem Mark und der Schote zum Kochen bringen, dann die Schote wieder entfernen. Die Vanille-Sahne langsam unter Rühren zur Eiermasse geben und im Wasserbad so lange schlagen, bis sie schaumig dick ist. Danach sofort servieren.
Die Sauce paßt zu Mehlspeisen und Desserts.

DESSERTS UND MEHLSPEISEN

Früchte-Gätzen

Für den Teig: 4 Eier, 100 g Butter,
4 EL Zucker, 1 Päckchen Vanillinzucker, Schale von
1/2 unbehandelten Zitrone, 4 EL Mehl, 1 EL Rum, 500 g beliebiges
Obst wie z.b. Blaubeeren, Pflaumen, Äpfel, Kirschen usw.
Zum Ausbacken: 200 g Butterschmalz
Zum Garnieren: 50 g gehackte Mandeln,
1 EL Puderzucker

Die Eier trennen. Eigelbe, Butter, Zucker, Vanillinzucker und geriebene Zitronenschale mit einem Handrührgerät schaumig rühren, bis die Masse cremig wird. Der Zucker muß sich vollständig auflösen, Mehl und Rum zufügen. Die Eiweiße zu steifem Schnee schlagen und unter die Eiermasse heben. Das Obst vorbereiten, im Mehl wälzen oder bestäuben. Das Butterschmalz in eine tiefe Pfanne geben, nacheinander das in den Teig getauchte Obst goldgelb ausbacken. Dann warm stellen. Die Früchte mit Mandeln und Puderzucker bestreut servieren.

Vanillecreme

4 Eigelb, 125 g Puderzucker,
250 ml Milch, 1 Prise Salz, 1 Vanilleschote,
6 Blatt weiße Gelatine, 250 g Sahne

Die Eigelbe mit dem Zucker schaumig schlagen, bis die Masse weiß und cremig wird. Die Milch und Salz in einen Topf geben, die Vanilleschote der Länge nach aufschneiden, das Vanillemark mit einem Messer herausstreichen und mit der Schote zur Milch geben. Die Milch aufkochen und noch 10 Minuten ziehen lassen. Die Vanilleschote herausfischen. In der Zwischenzeit die Gelatine in kaltem Wasser einweichen. Die heiße Milch unter Rühren zur Eimasse gießen. Die Eiermilch unter Rühren mit dem Schneebesen wieder erhitzen, sie darf aber nicht kochen, da sie sonst gerinnt. Die Gelatine ausdrücken und unter die Eiermilch rühren, bis sie sich aufgelöst hat. Die Creme durch ein Sieb gießen und erkalten lassen. Gelegentlich umrühren, damit sich keine Haut bil-

79

DESSERTS UND MEHLSPEISEN

den kann. Man kann auch die Oberfläche mit Puderzucker bestäuben. Die Sahne steif schlagen und, sobald die Creme anfängt dick zu werden, unterheben. Die Vanillecreme in eine Schüssel oder Puddingform füllen und im Kühlschrank erstarren lassen. Kurz vor dem Auftragen auf eine Platte stürzen und mit frischen Früchten garniert servieren.

Stachelbeer-Auflauf

600 g reife Stachelbeeren, 100 g Butter,
150 g Zucker, 3 Eier, 1 Päckchen Vanillinzucker,
125 g Mehl, 40 Speisestärke, 1 TL Backpulver,
100 g Mandelblättchen. Für die Form: 1 EL Butter.
Zum Bestreuen: 2 EL Puderzucker

Die Stachelbeeren putzen und waschen. Die Butter mit Zucker, Eigelben und Vanillinzucker schaumig rühren. Das Mehl sieben, mit Speisestärke und Backpulver vermischen, dann unter die Eiermasse rühren. Die Eiweiße zu sehr steifem Schnee schlagen und unterheben. Eine feuerfeste Form mit der Butter einfetten und mit den Stachelbeeren auslegen, die Mandelblättchen darüber streuen. Die Eiermasse darüber streichen und im vorgeheizten Backofen bei 180 Grad ca. 45 Minuten backen.
Den Auflauf mit Puderzucker bestreuen und mit Weinschaumsauce (Rezept s. unten) servieren.

Weinschaumsauce

3 Eigelb, 1 EL heißes Wasser,
125 g Puderzucker, 125 ml Weißwein, 2 EL Rum

Die Eigelbe mit dem heißen Wasser verrühren und den Puderzucker untermischen. Im Wasserbad so lange rühren, bis eine cremige Masse entstanden ist. Den Weißwein langsam unter ständigem Rühren, dann den Rum eßlöffelweise ebenso behutsam zugeben, bis die Sauce locker ist. Die Sauce schmeckt zu Desserts und Mehlspeisen sehr gut.

DESSERTS UND MEHLSPEISEN

Reis mit Erdbeeren

*250 g Langkornreis, 250 ml Wasser, Salz,
1 Vanilleschote, 250 ml Milch, 500 g Erdbeeren, 2 EL Zucker,
4 cl Orangenlikör, 250 g Sahne, 2 EL Zucker, 2 Eiweiß
75 g Pistazien oder Mandeln, 1 EL Butter*

Den Reis im Wasser mit Salz und der aufgeschnittenen Vanilleschote 10 Minuten quellen, dann die Milch zugeben und weitere 10 Minuten ziehen lassen. In der Zwischenzeit die Erdbeeren waschen, putzen, halbieren, mit Zucker und Orangenlikör marinieren. Den Reis unter gelegentlichem Umrühren erkalten lassen. Die Sahne mit dem Zucker steif schlagen, ebenso die Eiweiße. Die Sahne und den Eischnee sehr behutsam unter den Reis mischen. Die gehackten Pistazien oder Mandeln in der Butter kurz anrösten und unter die Reismasse rühren. Den Reis in einer großen Schüssel anrichten, eine Vertiefung hineindrücken, und die Erdbeeren in die Vertiefung geben. *Abbildung unten*

DESSERTS UND MEHLSPEISEN

Birnenkloß aus dem Erzgebirge

*Für den Hefeteig: 250 g Mehl, 15 g Hefe,
1 TL Zucker, 125 ml lauwarme Milch, 1 Prise Salz, 50 g Butter,
1 Ei. Für die Füllung: 750 g Birnen, 500 g Äpfel, 125 ml Wasser,
2 EL Zucker. Außerdem: 100 g Butter,
6 Scheiben Frühstücksspeck*

Das Mehl in eine Schüssel sieben und in die Mitte eine Mulde drücken. Die Hefe mit dem Zucker hineinbröckeln und mit etwas von der lauwarmen Milch anrühren, einen Vorteig machen. Ein Tuch über die Schüssel legen und den Teig 20 Minuten warm stellen. Danach die restliche Milch, Salz, Butter und Ei zugeben. Mit einem kräftigen Kochlöffel oder der Küchenmaschine einen glatten, nicht zu festen Teig herstellen. Der Teig ist gut, wenn er sich vom Schüsselrand löst. Die Schüssel wieder abdecken, und den Teig nochmals 10 Minuten gehen lassen. Den Hefeteig durchkneten, ausrollen und in der Größe der Auflaufform Teigstücke ausschneiden. In der Zwischenzeit die Birnen und Äpfel schälen, entkernen und in Spalten schneiden. Das Wasser mit dem Zucker in einem Topf erhitzen, die Äpfel und Birnen 5 Minuten gar dünsten. Eine Auflaufform mit den Speckstreifen auslegen und lagenweise Teigstücke, Apfelkompott und Birnenspalten einfüllen. Mit dem Teig abschließen. Die Butter erhitzen und den Kloß damit bepinseln. Nochmals zudecken und 10 Minuten gehen lassen. Im vorgeheizten Backofen bei 200°C 40 Minuten backen. Den Birnenkloß als Hauptgericht servieren.

KUCHEN UND TORTEN

Kuchen und Torten

Apfel-Blechkuchen

Für den Hefeteig: 500 g Mehl, 30 g Hefe, 75 g Zucker,
250 ml lauwarme Milch, 1 Prise Salz, 75 g Butter, 2 Eier,
abgeriebene Schale von 1 unbehandelten Zitrone
Für den Belag: 2 kg Äpfel, 1 Zitrone, 100 g Rosinen,
50 g gehackte Mandeln, 1 EL Zimt, 50 g Zucker

Für den Hefeteig das Mehl in eine Schüssel sieben und in die Mitte eine Mulde drücken. Die Hefe mit etwas Zucker hineinbröckeln und mit etwas von der lauwarmen Milch anrühren – ein "Dampfl" machen. Ein Tuch über die Schüssel legen, und den Teig 20 Minuten warm stellen. Danach die restliche Milch, Salz, Zucker, Butter, Eier und Zitronenschale zugeben. Mit einem kräftigen Kochlöffel oder der Küchenmaschine einen glatten, blasenfreien Teig herstellen. Der Teig ist gut, wenn er sich vom Schüsselrand löst. Die Schüssel wieder abdecken, und den Teig nochmals 10 Minuten gehen lassen. Den Hefeteig durchkneten und auf einem bemehlten Brett mit dem Nudelholz auf Blechgröße ausrollen. Das Backblech mit Backpapier belegen und den Teig darauf legen. Die Äpfel waschen, entkernen und in Spalten schneiden. Die Zitrone auspressen und die Äpfel damit beträufeln. Dann in Reihen dicht auf den Teig legen und den Blotz mit Rosinen, Mandeln, Zimt und Zucker bestreuen. Im vorgeheizten Backofen bei 200 Grad 30 Minuten backen. Mit geschlagener Sahne zum Kaffee servieren.

KUCHEN UND TORTEN

Butterkuchen

Für den Hefeteig: 500 g Mehl, 30 g Hefe,
250 ml lauwarme Milch, 1 Prise Salz, 75 g Zucker, 75 g Butter,
2 Eier, abgeriebene Schale von 1 unbehandelten Zitrone.
Für den Belag: 150 g Butter, 150 g Zucker, 1 TL Zimt

Für den Hefeteig das Mehl in eine Schüssel sieben und in die Mitte eine Mulde drücken. Die Hefe mit etwas Zucker hineinbröckeln und mit etwas von der lauwarmen Milch anrühren, einen Vorteig herstellen. Ein Tuch über die Schüssel legen und den Teig 20 Minuten warm stellen. Danach die restliche Milch, Salz, Zucker, Butter, Eier und Zitronenschale zugeben. Mit einem kräftigen Kochlöffel oder der Küchenmaschine einen glatten Teig herstellen. Der Teig ist gut, wenn er sich vom Schüsselrand löst. Die Schüssel wieder abdecken, und den Teig nochmals 10 Minuten gehen lassen. Den Hefeteig durchkneten und auf einem bemehlten Brett mit dem Nudelholz in Blechgröße ausrollen. Das Backblech mit Backpapier belegen und den Teig daraufgeben. Im vorgeheizten Backofen bei 200 Grad 30 Minuten backen. Die Butter in einem Topf zerlaufen lassen und sofort auf den Kuchen streichen, dann mit Zucker und Zimt bestreuen.

Pflaumenquarkkuchen

Für den Hefeteig: 500 g Mehl, 30 g Hefe,
75 g Zucker, 250 ml lauwarme Milch, 1 Prise Salz,
75 g Butter, 2 Eier, abgeriebene Schale von 1 unbehandelten Zitrone.
Für den Belag: 2 kg Pflaumen, 350 g Quark, 200 g Sahne, 4 Eier,
75 g brauner Zucker, 1 Päckchen Vanillinzucker, einige Tropfen
Arrak-Aroma, Saft und Schale von 1 unbehandelten Zitrone.
Zum Bestreuen: 4 EL Puderzucker

Für den Hefeteig das Mehl in eine Schüssel sieben und in die Mitte eine Mulde drücken. Die Hefe mit etwas Zucker hineinbröckeln und mit etwas von der lauwarmen Milch anrühren, einen Vorteig herstellen. Ein Tuch über die Schüssel legen und den Teig 20 Minuten warm stellen.

84

Danach die restliche Milch, Salz, Zucker, Butter, Eier und Zitronenschale zugeben. Mit der Küchenmaschine einen glatten Teig herstellen. Der Teig ist gut, wenn er sich vom Schüsselrand löst. Die Schüssel wieder abdecken, und den Teig nochmals 10 Minuten gehen lassen. Den Hefeteig durchkneten und auf einem bemehlten Brett mit dem Nudelholz in Blechgröße ausrollen. Das Backblech mit Backpapier belegen und den Teig daraufgeben. Die Pflaumen waschen von den Stielen befreien, entkernen, halbieren und auf den Teig legen. Den Quark mit der Sahne, den Eiern, Zucker, Vanillinzucker, Arrak, dem Zitronensaft und -schale glattrühren. Die Quarkmasse auf die Pflaumen gießen und den Kuchen nochmals 15 Minuten gehen lassen. Im vorgeheizten Backofen bei 180 Grad 30 Minuten backen. *Abbildung oben*

KUCHEN UND TORTEN

Thüringer Kirschkuchen

200 g Butter, 4 Eier, 180 g Zucker,
100 g geriebene Kuvertüre, 125 g geriebene Haselnüsse,
1 EL Zimt, 3 EL Rum, 125 g Mehl, 1 TL Backpulver, 1 kg Kirschen
oder 1 Glas entsteinte Sauerkirschen (800 g), 1 EL Mehl.
Für die Form: 1 EL Butter, 2 EL Semmelbrösel.
Zum Bestreuen: 3 EL Puderzucker

Die Butter mit den Eiern und dem Zucker schaumig rühren. Die Kuvertüre, Haselnüsse, Zimt und den Rum hinzufügen. Das Mehl mit dem Backpulver mischen und gesiebt unterrühren. Die Kirschen waschen, entstielen und entkernen bzw. aus dem Glas abtropfen lassen. Mit dem Mehl bestäuben und unter den Teig heben. Eine Springform mit der Butter einfetten und den Semmlbröseln ausstreuen. Dann den Teig einfüllen. Den Kirschkuchen im vorgeheizten Backofen bei 175 Grad 50 Minuten backen. Den fertigen Kuchen mit Puderzucker bestreuen.

Großmutters Gewürzkuchen

(ca. 16 Stück)

Für den Teig: 125 g weiche Butter,
250 g brauner Zucker, 4 Eier, 2 EL Kakao, 1 Päckchen
Lebkuchengewürz, 1 Becher Sahne-Dickmilch (175 g),
500 g Mehl, 1 TL Backpulver, 1/2 Päckchen Hirschhornsalz.
Für das Blech: 2 EL Butter. Für die Glasur:
125 g Puderzucker, 3 – 4 EL Rum

Die Butter, Zucker und Eier mit dem Handrührgerät schaumig schlagen. Den Kakao, das Lebkuchengewürz und die Dickmilch unterrühren. Das Mehl durchsieben, mit dem Backpulver und dem Hirschhornsalz vermischt unter die Masse rühren. Den Backofen auf 200 – 220 Grad vorheizen. Ein Blech mit der Butter einfetten und den Teig mit Hilfe eines Teigschabers auf das Blech streichen. Das Blech in den Backofen

86

KUCHEN UND TORTEN

schieben, und den Kuchen 25 Minuten backen. Den Puderzucker mit dem Rum verrühren und den noch warmen Kuchen damit bestreichen. Den Kuchen in rechteckige oder rautenförmige Stücke teilen.

Dresdner Stollen

750 g Mehl, 70 g Hefe, 150 g Zucker,
250 ml Milch, 300 g Butter, 180 g Rosinen,
180 g süße Mandeln, 50 g bittere Mandeln, 60 g Orangeat,
180 g Zitronat, 5 EL Rum, 1 Päckchen Vanillinzucker, 1 TL Salz,
Schale von 1 unbehandelten Zitrone. Für den Belag:
100 g Butter, 150 g Puderzucker, 2 Päckchen Vanillinzucker

Für den Hefeteig das Mehl in eine Schüssel sieben, und in die Mitte eine Mulde drücken. Die Hefe mit etwas Zucker hineinbröckeln und mit etwas von der lauwarmen Milch anrühren, einen Vorteig herstellen. Die Butter in Flöckchen an den Rand setzen. Ein Tuch über die Schüssel legen und den Teig etwa 30 Minuten warm stellen. In der Zwischenzeit die Rosinen einweichen. Die Mandeln im Wasser 5 Minuten kochen lassen, abschrecken, schälen und hacken. Das Orangeat und Zitronat in kleine Würfel schneiden. Danach die restliche Milch, den Zucker, den Rum, Vanillinzucker, Salz, Zitronenschale, abgetropfte Rosinen, Mandeln, Orangeat und Zitronat zugeben. Mit einem kräftigen Kochlöffel oder der Küchenmaschine einen glatten Teig herstellen. Der Teig ist gut, wenn er sich vom Schüsselrand löst. Die Schüssel wieder abdecken, und den Teig nochmals 30 Minuten gehen lassen. Den Hefeteig durchkneten und auf einem bemehlten Brett mit dem Nudelholz auf 40 x 30 cm ausrollen. Beide Längsseiten kurz einschlagen. Die eine Längsseite dann nach vorne kippen und gut andrücken. Zugedeckt nochmals gehen lassen. Das Backblech mit Backpapier belegen, und den Stollen darauf legen. Den Stollen im vorgeheizten Backofen bei 180 Grad auf der unteren Schiene ca. 60 Minuten backen. Die Butter flüssig werden lassen, den heißen Stollen einpinseln. Den Puderzucker mit dem Vanillinzucker mischen und den Stollen einstäuben, antrocknen lassen dann eventuell nochmals mit der Butter beträufeln und überzuckern.
Tip: Der Stollen sollte mindestens 2 Wochen vor dem Verzehr gebakken werden, da er durchgezogen am besten schmeckt.

87

KUCHEN UND TORTEN

Apfel-Reis-Torte

(für 6 – 8 Personen)

250 ml Wasser, Salz, 250 g Langkornreis,
250 ml Milch, 2 Vanilleschoten, 4 Eier, 8 EL Zucker, 1 kg mürbe
Äpfel. Zum Garnieren: 200 g Sahne, 1 Päckchen Vanillinzucker,
2 EL gehackte Haselnüsse

Das Wasser zum Kochen bringen und leicht salzen. Den Reis einstreuen und 5 Minuten quellen lassen. Die Milch zugeben. Die Vanilleschoten aufschneiden, und das Mark herausstreichen, zugeben, weitere 15 Minuten quellen lassen. Die Eier mit 6 Eßlöffeln Zucker verquirlen und unter den Reis ziehen. Die Äpfel schälen, vierteln, entkernen und in Spalten schneiden. In eine Springform etwas Wasser geben, den restlichen Zucker zufügen und auf der Ofenplatte leicht karamelisieren lassen. Die Äpfel in die Form füllen und die Reismasse darüberstreichen. Im vorgeheizten Backofen bei 225 Grad 45 Minuten backen, dann stürzen. Die Sahne mit dem Vanillinzucker sehr steif schlagen, einen Teil der Nüsse unterheben. Die Sahne in einen Spritzbeutel füllen und dicke Rosetten auf den Rand der abgekühlten Torte spritzen. Die Rosetten mit den restlichen Haselnüssen garnieren. *Abbildung rechts*

Dresdner Eierschecke

Für den Hefeteig: 500 g Mehl,
30 g Hefe, 75 g Zucker, 250 ml lauwarme Milch,
1 Prise Salz, 75 g Butter, 2 Eier, abgeriebene Schale von
1 unbehandelten Zitrone. Für den Belag: 500 g Quark, 125 g Zucker,
abgeriebene Schale und Saft von 1/2 unbehandelter Zitrone,
1 Ei, 50 g Rosinen, 300 g Butter, 300 g Zucker, 1 EL Mehl,
3 Eier. Zum Bestreuen: 100 g Mandelblättchen

Für den Hefeteig das Mehl in eine Schüssel sieben, und in die Mitte eine Mulde drücken. Die Hefe mit etwas Zucker hineinbröckeln und mit etwas von der lauwarmen Milch anrühren, einen Vorteig herstellen. Ein Tuch über die Schüssel legen, und den Teig 20 Minuten warm stellen.

Danach die restliche Milch, Salz, Zucker, Butter, Eier und Zitronenschale zugeben. Mit einem kräftigen Kochlöffel oder der Küchenmaschine einen glatten Teig herstellen. Der Teig ist gut, wenn er sich vom Schüsselrand löst. Die Schüssel wieder abdecken, und den Teig nochmals 10 Minuten gehen lassen. Den Hefeteig durchkneten und auf einem bemehlten Brett mit dem Nudelholz in Blechgröße ausrollen. Das Backblech mit Backpapier belegen, und den Teig daraufgeben. Für den Belag Quark, Zucker, Zitronenschale, -saft und Ei verrühren. Die Quarkmasse auf dem Hefeteig verteilen. Die Rosinen darüberstreuen. Butter und Zucker schaumig rühren, das Mehl zugeben und nach und nach die Eier unterarbeiten. Die fertige Masse als zweite Belagschicht auf den Quark aufstreichen. Zum Schluß die Mandelblättchen darüberstreuen. Den Kuchen im vorgeheizten Backofen bei 200 Grad ca. 30 Minuten backen.
Mit geschlagener Sahne servieren.

KUCHEN UND TORTEN

Eichsfelder Schmantkuchen

Zutaten und Zubereitung Hefeteig
wie Pflaumenquarkkuchen (Rezept s. Seite 84)
Für den Belag: 1 1/2 l Milch, 125 g Grieß, 75 g Zucker,
1 Päckchen Vanille-Puddingpulver, 6 Eier, 1 Päckchen
Vanillinzucker, 500 g saure Sahne (Schmant)

Den Hefeteig herstellen, gehen lassen und auf Blechgröße ausrollen. Für den Belag 1 l Milch in einem Topf aufkochen, den Grieß und den Zucker hinzufügen, dann einen Grießbrei kochen. Mit der restlichen Milch und dem Vanillepulver einen Pudding kochen. Den Pudding mit dem Grießbrei vermischen. 4 Eier trennen. Die Eiweiße zu steifem Schnee schlagen, mit den Eigelben und dem Vanillinzucker unter die Masse heben, auf dem Teig verteilen. Die restlichen Eier trennen, die Eiweiße zu steifem Schnee schlagen, und die Eigelbe unter die saure Sahne rühren. Die Eiweiße unterheben und die Masse auf den Kuchen geben. Den Backofen auf 200 Grad vorheizen, und den Kuchen 30 Minuten backen. Der Schmantkuchen ist eine Eichsfelder Spezialität.

Sächsische Baumkuchentorte

350 g Butter, 350 g Zucker, 4 EL Aprikosenlikör,
6 Eier, 200 g Mehl, 150 g Speisestärke, 125 ml Milch.
Für die Form: 1 EL Butter. Für die Glasur: 35 g Kokosfett,
5 EL Wasser, 50 g Kakao, 250 g Puderzucker.
Zum Garnieren. 1 EL Butter, 50 g gehobelte Mandeln

Butter und Zucker schaumig rühren. Nach und nach den Likör und die Eier unterarbeiten. Mehl mit der Speisestärke gesiebt zugeben, und zum Schluß mit der Milch zu einem glatten Teig rühren. Eine Springform, 22 cm Durchmesser, mit Butter einfetten, und eine dünne Lage von dem Teig einfüllen, so daß der Boden bedeckt ist. Die Form in den vorgeheizten Backofen (nur Oberhitze) geben und bei 200 Grad in wenigen Minuten goldbraun backen. Herausnehmen und die nächste La-

KUCHEN UND TORTEN

ge Teig dünn hineingießen, eventuell mit einem breiten Messer glattstreichen und wieder backen, diesen Vorgang wiederholen, bis man ca. 16 Schichten gebacken hat. Den Kuchen auf ein Kuchengitter stürzen und auskühlen lassen. Das Kokosfett auflösen und mit dem Wasser verrühren. Den Kakao und den Puderzucker dazugeben und gut durchrühren. Mit der Glasur den Baumkuchen bestreichen. Die Butter in einer Pfanne zerlassen, und die Mandeln darin anrösten. Mit den gerösteten Mandelsplittern garnieren.

Tip: Der Original Baumkuchen wird über offenem Feuer, Ring für Ring auf einer sich ständig drehenden Walze in vielen Schichten gebacken. Der Baumkuchen wird als "Dresdner Spezialität" in die ganze Welt verschickt.

Kartoffelkuchen

*4 Eier, 150 g Zucker, 200 g gekochte Kartoffeln,
1 TL Zitronensaft, 3 Tropfen Mandelöl.
Für die Form: 1 EL Butter*

Die Eier trennen. Die Eigelbe mit dem Zucker im Wasserbad schaumig rühren, bis die Masse cremig ist. Die Kartoffeln durch die Presse drücken oder reiben und gut unterrühren. Die Eiweiße mit dem Zitronensaft steif schlagen und unterheben. Mit dem Mandelöl abschmecken. Eine Kuchenform einfetten und den Teig einfüllen. Im vorgeheizten Backofen bei 180 Grad etwa 60 Minuten backen.

Rezeptverzeichnis

A

Apfel-Blechkuchen 83
Apfel-Quark-Dessert 73
Apfel-Reis-Torte 88
Apfelcharlotte 71

B

Bachforelle gebraten 50
Bauerntopf 27
Bierfleisch mit Apfelscheiben 31
Biersuppe mit Grießklößchen 10
Birnenkloß aus dem Erzgebirge 82
Birnensuppe Thüringer Wald 14
Bratwurst mit Äpfeln 41
Broiler in Weinsauce 46
Broilerleber mit Frühlings-
  zwiebeln 47
Buntes Paprikagemüse 62
Butterkuchen 84

D

Dicker Bohneneintopf 58
Dresdner Eierschecke 88

Dresdner Stollen 87
Dresdner Suppentopf 59

E

Eichsfelder Schmantkuchen 90
Eierkuchen 77
Ente auf sächsische Art 44

F

Feiner sächsischer Eintopf 57
Fleischklößchen 68
Früchte-Gätzen 79

G

Gänsebraten 45
Gänsefüllung 45
Gebackene Apfelringe 78
Gefüllte Eier 20
Gefüllte Kartoffeln 19
Gefüllte Rinderrouladen 22
Gekochtes Ochsenfleisch 26
Gepökelte Rinderbrust mit
  Petersiliensauce 22

REZEPTVERZEICHNIS

Geschnitzelte Broilerbrust mit
Rosinenreis 46
Gespickter Sauerbraten 21
Gratinierte Zwiebelsuppe 11
Gratinierter Kohlrabi 58
Graupensuppe 13
Grießklößchen 54
Großmutters Gewürzkuchen 86
Grünkernklöße süßsauer 62
Grünkohl mit Mettwurst 63
Gulasch mit Pilzen 38

H

Hammelfleisch mit Bohnen 35
Harzer Käsesalat 12
Hefeplinsen 74
Hirschgulasch "Augustusburg" 43
Holunderkompott 76
Holundersuppe mit Eischnee-
häubchen 15

K

Kabeljau mit Gemüse 48
Kalbsrahmragout 30
Kaninchen in Buttermilch 43
Kartoffel-Paprika-Topf 56
Kartoffelkuchen 91
Kartoffelplätzchen 66
Kartoffelsalat 67
Kartoffelsuppe Waldbaude 11
Kürbiseintopf 52

L

Lammfrikassee 34
Lammtopf 32
Leipziger Allerlei 60
Linsentopf nach Ratsherren-Art 64

M

Marinierte Lammkeule "Bastei" 34
Matjesfilet in Apfelsahnesauce 17
Meerrettichfleisch 24

O

Ochsenzunge in Rosinensauce 39

P

Pflaumenbrei 71
Pflaumenquarkkuchen 84
Pikantes Herz 30

Q

Quarkkeulchen "Klitscher" 76

R

Rehgulasch mit Dörrobst 42
Reis mit Erdbeeren 81
Rinderschmorbraten in Bier 26
Rindfleisch-Eintopf 55
Rindfleisch mit Rosinensauce 23
Rotbarsch mit Gurkenpüree 49
Roter Bohneneintopf 52

S

Sächsische Baumkuchentorte 90
Sächsische Leberscheiben 38
Sächsischer Auflauf 74
Sächsischer Eintopf 57
Sächsischer Kohlklump 51
Sächsischer Pudding 72
Sächsischer Suppentopf mit
Grießklößchen 54
Sauercreme mit Erdbeeren 75
Sauerkohl 40
Saure Leber 39

REZEPTVERZEICHNIS

Schmorfleisch auf sächsische
  Art 24
Schusterpfanne 55
Schweinshaxe in Aspik 19
Seidene "Watteklöße" 70
Selleriepüree 68
Spargel süßsauer 69
Stachelbeer-Auflauf 80
Süßsaure Schwarzwurzeln 66

T

Thüringer Blutwurst mit süßsauren
  Linsen 36
Thüringer Brotsuppe 14
Thüringer Grüne Klöße 67
Thüringer Kindstaufschüssel 64
Thüringer Kirschkuchen 86
Thüringer Kochkäse 15
Thüringer Rostbrätel 16

Thüringer Rostbratwurst auf
  Sauerkohl 40
Thüringer Rotkohlwickel 37
Thüringer Schweine-Sauer-
  fleisch 32
Topfbraten Thüringer Art 28

V

Vanillecreme 79
Vanillesauce 78
Vogtländer Klöße "Griegeniffte" 70
Vogtländer Speckpuffer 18

W

Waldbeerenbecher 75
Waldpilzsuppe 11
Weimarer Zwiebelfleisch 29
Weinschaumsauce 80
Weißkohlsuppe 12

Bildnachweis:

Umschlagfoto: Fotostudio Teubner, Füssen
Innenteil:
Alpensahne/Komplett-Büro, München S. 85
Bay Keramik, Ransbach S. 13
CMA, Bad Godesberg S. 16, 25, 28, 29, 33, 61
CMA/IPR & O, Hamburg S. 36, 37, 41
Essig-Essenz/prhh S. 53, 69
Gesellschaft f. Europäische Kommunikation, Hamburg S. 57, 65, 77, 81, 89
Nordsee, Bremerhaven S. 17
Pfanni-Werke, München S. 49, 56
Schwartauerwerke/Segmenta, Hamburg S. 73